Wir fegen durch die Stube,
bringen frischen Wind.
Wir drücken auf die Tube,
weil wir Heinzels sind.
Wir helfen, wo wir können,
denn dafür sind wir da.

Sind wir mal bei der Sache,
hau'n wir ganz schön auf den Quark!

Ne, ne, wir backen um die Wette
und hauen auf den Putz!
Mit Helvi, Kipp und Butz geht Backen
schnell, schlau und schwupps!

Wir heinzeln das! Wir wuppen das!
Du kannst dich auf uns verlassen,
denn wir heinzeln das,
ja, ja, ja!
Oh, wir heinzeln das!

Wir heinzeln das,
ja ja ja!
Und wir wuppen das!
Wir heinzeln das,
ja ja ja!
Auf die Plätzchen, fertig!!

Mehr über unsere Bücher, Autoren und Illustratoren unter
www.esslinger-verlag.de

Kai Lüftner: Die Heinzels –
Rückkehr der Heinzelmännchen. Filmbuch
ISBN 978 3 480 23560 5

Basierend auf dem Drehbuch zum Film
von Jan Strathmann

Einband- und Innentypografie: Bettina Wahl
Reproduktion: Schwabenrepro GmbH, Fellbach
Druck und Bindung: Livonia Print, Riga, Lettland

© 2020 Esslinger in der Thienemann-Esslinger Verlag GmbH
Blumenstraße 36, 70182 Stuttgart
www.thienemann-esslinger.de
Printed in Latvia. Alle Rechte vorbehalten

Unter Verwendung der Bilder aus dem Kinofilm
»Die Heinzels – Rückkehr der Heinzelmännchen«
© Die Heinzels – Verfilmung:
Akkord Film Produktion GmbH/TOBIS Film GmbH
In Koproduktion mit TOBIS Film und ZDF

Textauszug „Die Heinzelmännchen" aus:
Kopisch, August: Die Heinzelmännchen,
2018 Alfred Hahn's Verlag/Esslinger
in der Thienemann-Esslinger Verlag GmbH

RÜCKKEHR DER HEINZELMÄNNCHEN

Text von Kai Lüftner

Nach dem Drehbuch von Jan Strathmann

esslinger

Helvi

Jede Geschichte braucht einen Helden. Oder eine Heldin. In unserer Geschichte ist das Helvi. Ihr Kopf ist voller verrückter Ideen und diese passen so gar nicht in die enge, unterirdische Welt der Heinzels. Sie wird von den anderen oft kritisiert, denn sie beherrscht kein Handwerk (was jedoch, das müsst ihr wissen, das Wichtigste für einen Heinzel ist). Aber: Sie erledigt die Dinge immer auf ihre eigene – auf eine helvinöse – Art und Weise. Helvi ist dickköpfig und weiß, was sie will. Wenn sie von etwas überzeugt ist, kann ihr das niemand ausreden. Nicht einmal ihr bester Freund Butz.

Butz

Butz ist Helvis bester Freund. Er ist stark und loyal – das bedeutet treu! Er glaubt selbst dann noch an seine Freundin, wenn alle anderen es nicht tun. Butz bewundert Helvis Einfallsreichtum und ihren Mut, ist neugierig und lebenslustig und interessiert sich sehr für die Menschenwelt. Sein Handwerk ist das Kerzenziehen.

Kipp

Kipp ist ein typischer Heinzelmann und sehr überzeugt von sich. Er befolgt die Heinzel-Regeln nicht nur, er kann sie sogar auswendig. Alle! Sein Handwerk ist das Tischlern. Das beherrscht er natürlich perfekt – aber er sagt auch allen anderen, wie sie ihre Aufgaben zu erledigen haben. Besonders Helvi hat es nicht immer leicht mit Kipp. Er mit ihr aber auch nicht!

Vendla

Vendla ist die Chefin der Heinzels. Eine echte Respektsperson, die den Ton angibt und darauf achtet, dass alle Regeln eingehalten werden. Sie ist überzeugt davon, dass die guten alten Traditionen das Wichtigste für die Heinzelmännchen sind, deshalb passt ihr so jemand wie die Querdenkerin Helvi überhaupt nicht in den Kram. Aber selbst die strenge Vendla hat einen weichen Kern.

Theo

Theo ist ein Mensch. Und zwar meistens ein echt grummeliger und schlecht gelaunter. Manche behaupten sogar, er sei ein richtiger Stinkstiefel. Aber er war nicht immer so! Als jüngster Preisträger überhaupt gewann er einst einen großen Konditoren-Preis. Denn Theo ist Bäcker. Einer, der die feinsten Kuchen und leckersten Backkreationen herstellen kann. Aber seit ein paar Jahren befindet er sich in einem Konkurrenzkampf mit seinem Bruder Bruno, der auch Bäcker ist.

Bruno

Als Kinder waren die Brüder Bruno und Theo das ideale Team. Theo hat die leckersten Kuchen gebacken und Bruno konnte sie wunderbar verkaufen. Doch die beiden Brüder zerstritten sich. Theo wollte backen und den Leuten eine Freude bereiten, Bruno wollte Geld machen, ohne Rücksicht auf Verluste. Das passte nicht. Und so sind die beiden heute erbitterte Feinde – und ziemlich einsam ohneeinander.

INHALTSVERZEICHNIS

VORWORT

Heinzelmännchen? Gibt es nicht! Ende der Geschichte ...

Oder, Moment mal – gibt es sie vielleicht doch? Haben wir Menschen sie einfach nur vergessen? Oder haben die Heinzelmännchen möglicherweise selbst vergessen, was sie mit uns Menschen verbindet?

Hm, es gab da jedenfalls früher ein Sprüchlein. Das lautete so:

Wie war zu Köln es doch vordem
mit Heinzelmännchen so bequem!
Denn, war man faul, man legte sich
hin auf die Bank und pflegte sich.
Da kamen bei Nacht ...

Na? Kommt es euch bekannt vor? Noch nicht?
Dann mache ich mal weiter ...

Da kamen bei Nacht,
eh' man's gedacht,
die Männlein und schwärmten
und klappten und lärmten
und rupften und zupften
und hüpften und trabten
und putzten und schabten.
Und eh' ein Faulpelz noch erwacht,
war all sein Tagewerk bereits gemacht.

So lautet das Sprüchlein. Aber warum erinnert sich keiner mehr so richtig daran? Oder anders gefragt, warum haben sich die Heinzelmännchen unter die Erde zurückgezogen und wollen nichts mehr mit den Menschen zu tun haben?

Um das herauszufinden, müsst ihr umblättern und weiterlesen. Lasst uns mit der eigentlichen Erzählung beginnen: Es ist die Geschichte von Helvi ...

EINE WIE KEINE

Helvi war ein ganz normales Heinzelmädchen. Na gut, ganz normal war sie nicht, aber sie gab sich wirklich Mühe, ganz normal zu sein. Es gelang ihr meistens nur nicht besonders gut. Was sie beim diesjährigen Heinzelfest wieder einmal eindrucksvoll bewies.

Ihr müsst wissen, das Heinzelfest ist das prachtvollste, bunteste und schönste Fest im ganzen Jahr. Jeder Heinzel, egal ob groß oder klein, freut sich vor allem auf die Theateraufführung, in der die Geschichte von der fiesen Schneiderin erzählt wird, die die Heinzelmännchen mit einem hinterhältigen Erbsenangriff außer Gefecht setzte. Obwohl sie doch nur helfen wollten. Und genau das war der Grund, weshalb die Heinzelmännchen schworen, niemals wieder etwas mit Menschen zu tun zu haben. Denn alle Menschen waren gleich. Basta!

Wenn allerdings bei so einer Theateraufführung jemand

wie Helvi mitmischt, kann es schon mal passieren, dass alles anders kommt, als man denkt ...

»Auftritt Kipp – große Mütze, kleines Hirn«, stöhnte Helvi mit Blick auf Kipp, der gerade dabei war, die Erbsen für das große Finale von einer Dachluke aus herunterzuwerfen. Aber einfach kampflos aufgeben und hilflos die Treppe herunterpurzeln wie die Heinzelmännchen in der Sage – nicht mit Helvi!

»Heinzelmännchen schubst man nicht herum«, sagte sie und stemmte die Hände in die Hüften. Nachdem sie die große Puppe, die die Schneiderin darstellen sollte, besiegt (oder, anders gesagt: mitten in der Zuschauermenge zu Fall gebracht) hatte und Kipp hilflos verheddert in den Seilen hing. Helvinöses Helvi-Chaos vom Allerfeinsten!

Das war ein ausgezeichnetes Beispiel dafür, warum manche Heinzelmännchen – zum Beispiel Vendla (ihr habt sie schon kennengelernt; sie ist die Heinzel-Chefin), oder Kipp, ihr Erzfeind – behaupteten, Helvi wäre viel zu eigensinnig. Sie sagten, Helvi hätte einen Dickkopf und würde sich nicht an die Regeln halten. An die Regeln, an die sich aber nun mal alle zu halten haben. Sonst funktioniert die Heinzelmännchen-Welt einfach nicht. Aber Helvi mochte keine starren Regeln. Und überhaupt, die Heinzelmännchen-Welt war sowieso viel zu furzfinster und stinklangweilig für ihren Geschmack!

Gut, das mit den Regeln wäre vielleicht noch entschuldbar gewesen, hätte Helvi wenigstens ein richtiges Handwerk erlernt. Aber auch das war leichter gesagt als getan. Sie war keine gute Schneiderin geworden. Sie hatte nicht das Zeug zur Tischlerin. Und auch als Gärtnerin konnte sie nicht wirklich überzeugen.

Kipp hatte sich inzwischen freigekämpft und meinte gehässig: »Genau DAS ist der Grund, wieso du nur so eine mini-kleine Mütze hast! Welches Handwerk beherrschst du perfekt? Keins!«

Das ließ Helvi nicht auf sich sitzen, und sie entgegnete trotzig: »Nicht mehr lange. Meine Ideen sind nämlich helvinös!«

Ihr müsst wissen, die Größe der Heinzelmännchen-Mützen zeigt an, wie beliebt und erfolgreich ein Heinzelmännchen ist. Und Helvis Mütze? Na ja, sie war wirklich ziemlich klein. Da hatte Kipp schon recht. Aber dass Helvis Ideen total

helvinös waren, also durch und durch besonders und einzigartig, das konnte man wiederum auch nicht leugnen.

Sie würde es allen zeigen und beim Mützen-Wettbewerb, dem Höhepunkt des Festes, eine der begehrten großen Mützen gewinnen!

Dafür trafen sich alle Heinzelmännchen auf dem großen Platz mitten in der Höhle und stellten ihre neuesten Erfindungen vor.

Der alte Brimur und Vendla entschieden dann, wer sich die außergewöhnlichste Erfindung ausgedacht hatte und wer den ersten Preis erhalten würde. Und so wie immer würde vermutlich Kipp, der olle Angeber, wieder die größte Zipfelmütze gewinnen.

Die Heinzels versammelten sich und warteten auf die Jury,

die die einzelnen Erfindungen genau betrachtete. Aufgeregtes Getuschel und Gemurmel erfüllte die Höhle.

Helvi hatte sich dieses Mal etwas ganz Besonderes vorgenommen. Eine höchst helvinöse Erfindung war das. Und sie sollte bis zum letzten Moment geheim bleiben. Dann würde sich der Angeber Kipp besonders ärgern.

Deshalb war sie – anders als die anderen Heinzels – nicht auf dem Platz, sondern werkelte noch immer an ihrer Erfindung herum. Nicht nur Vendla und Brimur waren genervt vom Hämmern und Sägen, das aus Helvis Haus herüberschallte.

Brimur bewunderte gerade die handwerklichen Fähigkeiten von Kipp, der – das musste man wirklich neidlos anerkennen – ein exzellenter Schreiner war. »Kompliment, Kipp. Perfekt verarbeitet!«

Kipp wuchs vor Stolz beinahe auf doppelte Größe an, als er sagte: »Aber das ist nicht irgendein Stuhl. Das Tolle daran sind die Beine!«

Brimur und Vendla starrten etwas ratlos auf die Stuhlbeine, konnten aber beim besten Willen nichts Besonderes daran erkennen. Kipp strahlte wie ein Honigkuchenpferd, zog an einem kleinen, verborgenen Hebelchen an der Stuhllehne und die Beine fuhren teleskopartig ein. Ein Raunen ging durch die anwesenden Heinzels.

Nun stellte Kipp seine Erfindung an eine Stelle, an der das Erdreich über ihnen fast bis zum Boden reichte und setzte sich auf den Stuhl. Er grinste, als die Spitze seiner Zipfelmütze haargenau bis an die Decke reichte, und sagte: »Jetzt kann man auch an den niedrigsten Stellen ganz bequem sitzen.«

Die Heinzelmännchen applaudierten begeistert und Vendla hielt bereits eine große Zipfelmütze in der Hand, um sie Kipp zu überreichen. »Eine geniale Idee, Kipp. Das ist wahre Heinzelmännchen-Handwerkskunst!«

Gerade als sie Kipp die Zipfelmütze aufsetzen wollte, hörte man Helvis Stimme, die sich vor Stolz beinahe überschlug: »Dann habt ihr aber noch nicht das gesehen!«

Alle drehten sich erschrocken um und sahen, wie Helvi eine riesige Maschine heranschleppte, die mit einem dicken Seil umwickelt war und an deren oberem Teil lauter Sägen hervorstanden. Sie sah aus wie eine Mischung aus Hubschrauber und Windmühle. »Darf ich vorstellen: die helvinöse Rübenerntemaschine!« Sie präsentierte das Spindel-Propeller-Monster in alle Richtungen. »Jetzt müssen wir die blöden Rüben nicht mehr von Hand ernten.«

Die Heinzels staunten und tuschelten miteinander, nur Kipp legte eine genervte Miene auf und sagte trocken: »Funktioniert nie! Seh ich sofort.«

Helvi machte ein trotziges Jetzt-erst-recht-und-dir-werd-ich-es-zeigen-Gesicht und zog mit voller Kraft an dem Seil, das um die Spindel gewickelt war. Mit einem ohrenbetäubenden Surren begann sich die Spindel rasend schnell wie ein wild gewordener Kreisel zu drehen.

Helvi zog immer wieder am Seil und lenkte so die Spindel hinüber zum Rübenbeet. Hier ragten die unteren Teile der lilafarbenen Rüben tief in die Höhle. Die Windmühlen-Blätter drehten sich und säbelten große Stücke von den Rüben ab.

Die Heinzelmännchen machten große Augen, und die größten Augen machten Brimur und Vendla.

»Da fliegen euch die Mützen weg, was?«, rief Helvi aufgedreht und zog in ihrem Übermut einmal zu heftig an dem Seil, das mit einem lauten PLONG! zerriss. Mit einem Mal jagte die Hubschrauber-Windmühlen-Mischung unkontrolliert über den Platz und – schnipp, schnapp – waren die Mützen einiger Heinzels, die sich in Sicherheit bringen wollten, um ein paar Zentimeter kürzer.

Panik brach aus.

Helvi versuchte vergeblich, die durchdrehende Spindel anzuhalten. »Vermützt und zugenäht! Das war jetzt so nicht geplant!«

Nur Butz eilte ihr zu Hilfe, doch bevor er eingreifen konnte, krachte die helvinöse Rübenerntemaschine gegen einen Stützpfeiler. Dieser gab nach, sodass ein großer Haufen Erde herabstürzte und Vendla, Butz und Helvi unter sich begrub. Und die Spule, die endlich keinen Schaden mehr anrichten konnte.

Die Heinzelmännchen kamen vorsichtig wieder aus ihren Verstecken und blickten auf den Berg Erde, unter dem gerade hustend Butz und Helvi hervorgekrabbelt kamen. Helvi klopfte sich den Dreck von ihren Klamotten und sagte: »Ist ja fast gar nix passiert.«

»Uns gehts gut«, meinte Butz an ihrer Seite zu den Heinzels, die sie immer noch anstarrten.

Da hörten sie hinter sich die dumpfe Stimme von Vendla,

die noch immer unter dem Erdhaufen steckte: »Hilfe!«
Schnell eilten die Heinzels herbei und buddelten Vendla
aus, die Helvi böse anschaute. »Alles in Ordnung?«, fragte
Helvi kleinlaut.

»Nein! Nichts ist in Ordnung. Vor den Menschen sind wir
hier unten vielleicht in Sicherheit. Aber nicht vor dir!«

Helvi senkte den Kopf. »Es tut mir leid, ich dachte ... hier
könnte mal ...« Sie suchte nach den passenden Worten, fand
sie aber nicht.

Da sprang ihr treuer Freund Butz ein und ergänzte: »Ähm ... mehr Helvi rein!«

Vendla machte ein wütendes Gesicht. »Wir brauchen hier dringend WENIGER Helvi!«

Helvi schaute noch trauriger und meinte: »Ich wollte doch nur ...« Sie kam aber nicht dazu, den Satz zu beenden, denn Vendla fuhr sie an: »Aus dir wird nie ein richtiges Heinzel-mädchen!«

Helvi sah sich Hilfe suchend zu den anderen Heinzels um, aber alle blickten nur auf ihre abgeschnittenen Zipfelmüt-zen und schüttelten dann vorwurfsvoll ihre Köpfe. Kipp schüttelte seinen Kopf besonders vorwurfsvoll.

EINE HELVINÖSE IDEE

Auf den ersten Blick hätte man meinen können, in einer unterirdischen Rumpelkammer gelandet zu sein. Überall lag irgendwelches Menschen-Zeug herum: Schrauben, Münzen, ein gelbes Quietsche-Entchen, ein Handy, eine Angel und noch viel mehr – alles wild durcheinander.

Aber es war keine Rumpelkammer, sondern das Untergeschoss von Helvis Haus. Durch eine Bodenklappe gelangte man nämlich zu einem Abwasserkanal. Helvi saß traurig am Rande des trüben Wassers und starrte hinein. Hierhin verzog sie sich, wenn sie mal ihre Ruhe vor den Heinzelmännchen brauchte. So wie jetzt. Immer wieder wurden irgendwelche Sachen aus der Menschenwelt angespült, die Helvi aus dem Wasser fischte und in ihrem kleinen Geheimversteck sammelte. Sie mochte Menschen-Dinge. Die hatten irgendwie etwas Faszinierendes und erfüllten sie mit einer seltsamen Sehnsucht nach ›da oben‹.

In diesem Moment schwamm die Seite eines Werbekata-
loges vorbei, die Helvi teilnahmslos mit ihrer Angel aus dem
Wasser holte. Sie warf die Seite seufzend hinter sich, ohne
sie weiter zu beachten. Bis Helvi aus ihren Gedanken hoch-
schreckte, denn die Seite war in eine der Kerzen geflattert,
die hinter ihr brannten, und hatte Feuer gefangen.

Sie rannte hinüber, pustete, was das Zeug hielt, und sah
sich ihren Fund genauer an. Es war das Foto eines freund-
lich lächelnden Menschen-Mannes in Gärtnerkluft, der
einen Gartenzwerg mit langer Zipfelmütze in den Händen
hielt, der ebenfalls lächelte. Helvi starrte auf das Bild, mindestens drei Minuten lang, dann nickte sie entschlossen: Ihr
war eine Idee gekommen. Eine wahrhaft helvinöse Idee!

Es herrschte Dunkelheit, als Helvi über den Platz schlich. Sie sah die beschädigten Stützpfeiler, die sofort repariert worden waren. Ach ja, die Heinzelmännchen waren handwerklich wirklich geschickt, dachte Helvi und war einen Moment abgelenkt. Sie hatte nicht aufgepasst und war mit der Sicherheitsnadel, die an ihrer (viel zu kleinen) Zipfelmütze steckte, an das Schild von ›Adas Schneiderei‹ gekommen. Was nun ein gar nicht mal so leises PLING! von sich gab.

Helvi lauschte erschrocken, aber alles blieb ruhig. Geduckt rannte sie weiter, verbarg sich zwischen den Häuserwänden und bemerkte nicht den Schatten der Zipfelmütze, der kurz hinter einem Vorhang auftauchte.

Endlich erreichte sie ihr Ziel: Den Eingang zu jenem Abflussrohr, das unter ihrem Haus entlangführte. Sie drehte sich noch einmal um, schaute auf die kleine Siedlung mit

ihren schlafenden Heinzelmädchen und Heinzelmännchen und seufzte leise. Dann schlüpfte sie in das Rohr hinein.

Wenige Meter im Inneren des Rohrs gelangte man an ein verschlossenes Holztor, das den Durchgang versperrte. Hier endete die Heinzel-Welt. Aber nicht für Helvi. Nicht mehr!

Sie zog die Sicherheitsnadel aus ihrer Mütze und machte sich daran, das verrostete Schloss zu öffnen.

»Wo willst du denn hin?« Die Stimme hinter ihr hätte fast ihr kleines Herz zum Stillstand gebracht. Helvi fuhr herum. Da stand Butz und sah sie irritiert an.

Helvi atmete dreimal tief durch und antwortete mit so fester Stimme wie möglich: »Ich gehe weg. In die Menschenwelt.«

Ihrem besten Freund fiel die Kinnlade herunter.

»Bist du verrückt?«, fragte er schließlich. »Vendla sagt,

Menschen fressen Heinzelmännchen zum Frühstück – sogar mit Mütze!« Er schaute empört. »Das ist doch nicht normal!«

Helvi ließ sich nicht abhalten. »Ach Butz, ich glaube nicht, dass die so böse sind.« Sie zog die Katalogseite mit dem Foto des Gärtners und des Gartenzwergs unter ihrer Mütze hervor. »Siehst du? Die beiden sind beste Freunde. Ich suche mir einen Menschen, der mir ein Handwerk beibringt. Und dann komme ich wieder und bin keine kleinmützige Nichts-könnerin mehr!«

Butz senkte den Kopf. »Aber ... was mache ich denn ohne dich?«

Helvis Herz rutschte in die Hose, aber sie nahm all ihren Mut zusammen und sagte: »Ich bin doch bald wieder da.

Wir Heinzels sind schließlich schnell, schlau und schwupps. Stimmt's?«

Butz war Helvis bester Freund und sehr stark, aber manchmal ein bisschen schwer von Begriff. »Ja genau! Äh, was heißt denn ›schwupps‹ eigentlich?«

Helvi verdrehte die Augen und werkelte weiter an dem Schloss herum. »Na ja, wir machen schwupps unsere Arbeit und sind schwupps wieder weg.«

In diesem Moment machte es KLICK! und das Schloss sprang auf. Helvi grinste triumphierend. »Es gibt nämlich nichts, was wir nicht können!«

Sie rüttelte an dem Tor, aber es rührte sich nicht. Sie rüttelte noch mal. Nichts! Keuchend fügte sie hinzu: »Fast nix!«

Butz drängelte sich an ihr vorbei, zog einmal kräftig an dem Tor und es gab quietschend nach. Dahinter war nichts

außer einem schwarzen Loch. Helvi schluckte. Butz allerdings holte eine Kerze (in Form einer Zipfelmütze) unter seiner Mütze hervor, zündete sie an und reichte sie Helvi. »Hier, ist mein Meisterstück.«

Helvi lächelte ihn gerührt an, ihren großen, starken und besten Freund, dann lief sie los.

Als sie die ersten Schritte in die Dunkelheit hineingegangen war, tropften ein paar dicke Wassertropfen aus einer undichten Stelle genau auf den Kerzendocht und löschten die Flamme. Helvi stolperte, fiel hin und ließ zu allem Unglück auch noch die Kerze fallen.

Als sie im Dunkeln nach ihr tastete, entzündete diese sich plötzlich wieder, und Helvi schaute verblüfft in Butz' Gesicht. »Ist doch besser, wenn ich mitkomme«, sagte er verlegen.

Helvis Atem stockte. »Aber … du kannst doch schon ein Handwerk!«

Butz wurde rot. »Na ja, immer nur Kerzen machen ist schon ein bisschen langweilig. Und ich will endlich mal die Sonne sehen.« Er lächelte Helvi an. »Sie soll heller leuchten als alle Kerzen zusammen.«

Helvi konnte ihre Erleichterung kaum verbergen und fiel Butz lachend um den Hals. Dann kletterten die beiden gemeinsam immer tiefer in das Abflussrohr hinein …

BEI DEN MENSCHEN

Als sie eine Weile gelaufen waren, tauchte plötzlich Licht am Ende des Rohres auf. Je näher Helvi und Butz kamen, desto heller wurde es, und schließlich gelangten sie an ein Gitter, durch das Tageslicht fiel.

Butz blies die Kerze aus, steckte sie unter seine Mütze und beide liefen an das Gitter und schauten staunend nach draußen. Da das Rohr etwa einen Meter aus der Wand herausragte, hatten sie einen fantastischen Blick auf den – etwas verkommenen – Hinterhof eines Supermarktes. Hier standen Kisten und Kartons mit altem Obst, Verpackungen und allerlei Krimskrams herum.

Helvi raunte begeistert: »So schön hab ich mir die Menschenwelt gar nicht vorgestellt.«

»Was meinst du, wie groß die ist?« Butz starrte weiter nach draußen.

Helvi legte die kleine Stirn in Falten und überschlug kurz

in ihrem Kopf, was sie von den Menschen zu wissen glaubte. »Ich würde sagen, bestimmt hundertmal so groß wie unsere Welt und wenn die Sonne scheint, ist sie sogar noch größer, weil dann alles wächst auf der Erde.«

»Ach, deswegen sind die Menschen so riesig«, murmelte Butz, mehr zu sich selbst als zu Helvi.

Die nickte und stemmte sich gegen das Gitter, um es zu öffnen, aber erst mit Butz' Hilfe schaffte sie es, das Gitter einen Spalt aufzudrücken. Geschafft!

Sie lächelten sich an und wollten gerade aus dem Rohr springen, da wurde Helvi von hinten festgehalten. »Ey, das ist verboten!«

Sie fuhr erschrocken herum und blickte in das Gesicht von

Kipp, der an ihrem Arm zerrte. Wütend versuchte Helvi, sich zu befreien. »Lass mich los!«

Die beiden rangelten heftig miteinander. Dabei stießen sie an das Gitter, das plötzlich nachgab – und bevor sie sichs versahen, purzelten die Heinzelmännchen nacheinander in den Hinterhof. Sie hörten, wie das Gitter hinter ihnen wieder zuklappte.

Alle drei rappelten sich auf und blickten sich um. »Wir müssen wieder zurück ins Rohr«, flüsterte Kipp ängstlich. »Bevor uns die Menschen entdecken!«

Helvi strich sich die Mütze glatt. »Dann geh doch, ich hab hier was zu erledigen.« Butz sprang seiner Freundin zur Seite, auch wenn ihm etwas unheimlich zumute war. »Sie lernt nämlich ein Handwerk bei den Menschen.«

Helvi lächelte ihren Freund an und marschierte in Rich-

tung Supermarkt davon. Über die Schulter sagte sie: »Bin bald wieder da, Kipp. Grüß die anderen von mir!«

Kipp schaute zwischen dem für ihn unerreichbaren Rohrende und den beiden Heinzels hin und her. »Du bist doch nicht mehr ganz dicht unter der Mütze. Menschen sind hinterhältige Faulpelze. Von denen kann man nix lernen!«

Helvi und Butz ließen sich nicht beirren und liefen einfach weiter. Staunend schauten sie an den Häuserfassaden, die den Hinterhof umgaben, nach oben. Plötzlich begann Helvi zu strahlen: »Schau mal, die Sonne!«

Butz stellte sich fasziniert in einen Sonnenstrahl und rief begeistert: »Boah, bin ich schon größer?«

Helvi schüttelte den Kopf und zeigte auf einen Spatz, der über ihnen hinwegflog. »Da, ein echter Vogel!«

Butz beobachtete ihn beeindruckt und zeigte dann auf ein Flugzeug, das noch viel weiter oben am Himmel einen Kondensstreifen hinter sich herzog. »Fliegen muss toll sein. Da oben ist auch ein ganz großer Vogel und er lässt einen Riesenfurz!«

Beide lachten ausgelassen, und als sie dann an einem tiefgelegenen Fenster des Supermarktes vorbeikamen, schauten sie mit großen Augen auf die gigantische Obstabteilung. »Was ist das?«, fragte Butz.

»Da bewahren die Menschen ihre Vorräte auf«, meinte Helvi.

Butz hatte indessen die Bananen entdeckt, die vom Supermarkt aussortiert und in die Kisten im Hinterhof gepackt worden waren. Er schnappte sich eine, biss genüsslich hinein und bot auch Helvi eine an. »Die Memschen lebem wirklich im Paradiesch«, mampfte er mit vollem Mund.

Aber es gab jemanden, der komplett anders über die Menschenwelt dachte. Es war Kipp, der erfolglos versucht hatte, durch das Gitter im Rohr zurück in die Heinzelmännchen-Welt zu gelangen.

Helvi und Butz guckten verdutzt, als er plötzlich schreiend hinter einer Mauerecke auftauchte und an den beiden vorbeirannte.

»Kipp? Falsche Richtung!«, rief Helvi noch ganz cool. Bis sie sah, wovor Kipp floh.

Es war ein Mops, der zwar nicht wirklich gefährlich aussah, aber gemessen an der Größe der Heinzels ein wahres

Ungetüm von Hund war. Und der genau auf sie zugerast kam, was Butz und Helvi zu der Überzeugung kommen ließ, dass es besser wäre, ebenfalls zu fliehen. »AAAAAAHHHHH!«

Sie rannten Kipp hinterher und erst, als sie den Hinterhof verlassen hatten, blieben sie an einer Straßenecke stehen. Vor ihnen tauchten Autos und Menschen auf, aber sie hatten kaum Zeit zu staunen. Hinter sich hörten sie das Kläffen des Hundes, das immer näher kam. Die drei sausten einfach weiter – zwischen den Beinen von Passanten hindurch, an fahrenden Mofas und Straßenkehrmaschinen vorbei – und versuchten, dabei nicht aufzufallen.

»Wo lang?«, fragte Butz keuchend.

»Nur weg von dem Hundeschwein!«, japste Helvi zurück.

Den Mops auf den Fersen, ging es entlang an Einkaufsläden, großen Ampelkreuzungen und einer riesigen Werbe-

tafel mit dem Bild eines grinsenden Mannes, der für ›Brunos Tortenparadies‹ warb.

Schließlich schlüpften die drei Heinzels durch einen Gartenzaun, der den Garten eines etwas heruntergekommenen Geschäftes umgab.

Der dicke Mops versuchte sich ebenfalls durch die Zaunlatten zu quetschen, blieb aber mit dem Kopf stecken. Verärgert schaute er seinen drei entwischten Happen nach.

»Ätschibätschi«, sagte Helvi schadenfroh. Das Lachen blieb ihr allerdings im Hals stecken, da der Mops ein paar Meter weiter die offene Gartentür entdeckt hatte und nun wieder hechelnd direkt vor ihnen stand.

»Husch, husch, in den Busch«, rief sie, und Butz, Kipp und Helvi flüchteten sich in einen Rosenstrauch, der am Rande des Gartens wuchs. Was allerdings nur eine mäßig gute Idee war, denn sie blieben mit ihren Kleidern und Mützen in den Dornen hängen. Knurrend näherte sich der Mops – als ihn plötzlich ein Wasserstrahl traf.

Die drei Heinzels blickten erstaunt auf den Mann, der mit einem Schlauch auf den Hund zielte. »Hau ab, du blöde Töle! Du hast hier nichts zu suchen!«

Das ließ der Mops sich nicht zweimal sagen und ergriff jaulend die Flucht.

Erleichtert atmete Butz auf. »Das war knapp!«

Helvi hatte sich mittlerweile aus den Dornen befreit und zischte: »Los, mir nach!«

Sie hatte die Tür des Geschäftes entdeckt, die einen Spalt

offen stand, und da der Mann immer noch mit dem Gartenschlauch den Mops verfolgte, konnten sie unentdeckt hineinschlüpfen.

Ob das so eine helvinöse Idee war? Kipp jedenfalls meckerte: »Jetzt gehen wir auch noch in die Häuser der Menschen ... Nicht gut, gar nicht gut!«

Der Raum, in den sie sich gerettet hatten, war offensichtlich eine Backstube. Allerdings eine, die ihre besten Tage bereits hinter sich zu haben schien. Es sah rumpelig und nicht besonders sauber aus. Überall standen Mixer, Waagen, elektrische Knetmaschinen, Backformen und noch vieles mehr herum. An einer Wand stand ein Regal mit Vorratsgläsern voller Mehl, Zucker, Nüssen und Schokolade.

Gegenüber befand sich ein riesiger Backofen und an der Wand hing ein gerahmtes Foto. Auf diesem war ein Junge zu sehen, der eine goldene Konditormütze trug. Strahlend hielt er einen kleinen spitzen Turm aus Zuckerwerk in die Luft. Hinter ihm stand offenbar sein stolzer Vater und neben ihm blickte ein anderer Junge mürrisch in die Kamera.

Darunter war zu lesen, dass Theo Hampus der jüngste Gewinner der Konditormeisterschaften und Erfinder der ›Kölner Domspitzen‹ sei.

Helvi starrte fasziniert auf das Foto, bis ihr Blick weiterwanderte. Darüber hing eine eingerahmte, goldene Konditormütze – die allerdings einen riesigen Riss in der Mitte hatte. »Seht mal, bei den Menschen gibt es auch einen Mützenwettbewerb!«

»Typisch Menschen. Müssen immer alles kaputt machen«,

grummelte Kipp. Dann zeigte er nach draußen auf den Mann. »Was, wenn er das Gleiche mit uns wie mit dem Hund macht?«

Helvi antwortete nicht, sondern kletterte stattdessen an einem der großen Kühlschränke empor. Sie öffnete die Tür, nahm sich eines der Törtchen heraus, die im Inneren standen, und biss genüsslich hinein. Ihre Augen wurden groß und sie biss ein zweites Mal hinein. »Hmmmmm ... unglaublich!«

Das war der Startschuss für Butz, der sich nun ebenfalls auf die Backwaren stürzte und sich gleich mehrere Törtchen in den Mund schob. Er war einfach ein echter Vielfraß. »Lecker! Sahnemützen! Genial!«, japste er zwischen jedem Happs.

Helvi schnappte sich eine der leckeren Domspitzen,

blickte zu dem Foto des kleinen Jungen mit goldener Konditormütze und nahm dann dieselbe Pose ein wie er. In dem Moment, als sie die Domspitze in die Höhe streckte, traf sie ein Sonnenstrahl, der das bunte Zuckerwerk auf dem Törtchen glitzern ließ und Helvi in eine Wolke aus tanzenden Farbklecksen tauchte.

Helvi betrachtete staunend die bunten Lichtpunkte und Kipp und Butz blickten sie baff an. Das sah wunderschön aus! Helvi grinste und sagte andächtig mit vollem Mund: »Iff weif jepf, waf if lernen fill ...« Sie zeigte zum Foto an der Wand, schluckte runter und sprach weiter: »KUCHEN-BÄCKERIN!«

Sie strahlte, während Kipp und Butz immer noch dastanden, als wären sie zu Stein erstarrt. »Und dann gewinne ich auch so eine große Mütze!«

Dieser Satz ließ Kipp aus seiner Starre erwachen. »DU? Ha!« Er zeigte stolz auf seine eigene große Mütze. »So was kriegst du nie!«

Helvi wurde zornig und entgegnete trotzig: »Pöh, wozu brauchst du eigentlich so eine große Mütze bei so einem winzigen Ameisenhirn?«

Kipp wollte gerade pampig antworten, als die Türglocke der Konditorei bimmelte und der Mann – offenbar der Besitzer des Ladens – grimmig hereinkam. Sein Gesicht verfinsterte sich noch mehr, als er die offene Kühlschranktür sah. »Verflucht, was ist hier los?«

Dann entdeckte er die angebissenen Backwaren und wurde nun richtig wütend: »Auch das noch – Ratten!« Er griff sich eine Teigrolle und ließ den Blick umherschweifen. »Na wartet ... euch zieh ich das Fell über die Ohren.«

Helvi, Kipp und Butz hatten sich gerade noch rechtzeitig in eine leicht offen stehende Schublade im Arbeitstisch verkrochen und beobachteten nun, wie der Mann durch die Backstube schlich. Trotz ihrer Angst meinte Helvi zu erkennen, dass der Mann eine gewisse Ähnlichkeit mit dem Jungen auf dem Foto zu haben schien. Das musste dann Theo Hampus sein, der jüngste Gewinner des Konditorenwettbewerbes und Besitzer dieser Konditorei. Offenbar war aus dem lachenden Jungen auf dem Bild ein mürrischer Mann geworden, der im Moment auch noch eine Mordswut hatte.

Butz, der hinter Helvi kauerte, begann zu zittern, was wiederum das Besteck in der Schublade zum Klappern brachte.

Theo hörte das Geräusch und drehte sich zu ihrem Versteck um.

»Hört auf zu zittern«, zischte Kipp in dem Moment, als sich Theo Hampus einen dicken Ofenhandschuh überzog und direkt auf sie zusteuerte. Nun fing auch noch Kipp zu zittern an.

»Pssst!«, machte Helvi, als die behandschuhte Hand wie ein Blitz in die Schublade griff und beinahe den armen Kipp zu fassen bekam. Heldenmutig warf sich Helvi zwischen Hand und Kipp und wurde nun selbst gepackt.

»Hab ich dich«, feixte Theo, zog die Hand aus der Schublade und schaute auf das, was sich darin befand.

»Hey! Ich krieg keine Luft«, ächzte Helvi, als sie in Theos verblüfftes Gesicht schaute. Und dessen Gesicht noch verblüffter guckte, als er Helvi genauer betrachtete.

»W-w-was … bist du?«, fragte er und klang, als hätte er gerade einen Geist gesehen. Oder eben sein erstes Heinzel-mädchen.

Helvi richtete sich zu ihrer ganzen kleinen Größe auf und fragte mit fester Stimme: »Na, wonach sieht's denn aus?«

Theos Gehirn kam offenbar nicht hinterher, denn er fragte blöd: »Äh … ein Gartenzwerg?«

Helvi schüttelte genervt den Kopf. »Nö! Einen Versuch hast du noch.«

»Also, ein … öh!« Theo stockte und betrachtete Helvi in seiner Hand von allen Seiten.

Helvi, durchaus ein bisschen zu keck für ihre Situation, meinte frech: »Seh ich etwa wie ein … Öh aus?« Sie rümpfte die Nase. »Also gut, ich helf dir, aber nur ausnahmsweise! Ich bin ein Hein–«

Theos Gesicht hellte sich auf. »Was? Nee, kann nicht sein! Ein Heinzelmännchen?«

Helvi empörte sich. »Ein HeinzelMÄDCHEN! Sieht man doch!«

Theo schluckte. »Aber ... euch gibt's doch nur in der Sage und nicht in echt.«

Plötzlich rief eine Stimme vom Tisch her: »Lass sie frei, sonst erlebst du, WIE echt wir sind!«

Theo schaute verblüfft nach unten. Dort standen Butz und Kipp. Kipp hielt eine Streichholzschachtel hoch und Butz ein Streichholz. »Wir haben nämlich ein Streichholz und wir werden es benutzen!«

Butz entzündete das Streichholz an der Schachtel und drohte damit Richtung Theo, der nun endlich aus seiner Starre erwachte. Er blies die Flamme aus.

»Hey, das lasst ihr mal lieber. Ich hänge nämlich an meiner Backstube und an meinen ...« Er schaute zum Kühlschrank, nahm eine der angeknabberten Domspitzen und fragte: »Wer war das?«

Kipp tat unbeteiligt: »Ich nicht!«

Helvi hingegen geriet sofort ins Schwärmen. »So was Leckeres habe ich noch nie gegessen!«

Man sah Theo an, dass er sich geschmeichelt fühlte. Er grinste und Helvi fragte: »Wie hast du das gemacht?«

Theo grinste immer noch stolz: »Oh, das ...« Sein Blick verfinsterte sich wieder. »Das ... geht dich überhaupt nichts an.«

Helvi lächelte nun herzallerliebst, zupfte an Theos Nase und zwitscherte: »Och Menno, nun hab dich mal nicht so,

Kartoffelnase! Und wie heißt'n du eigentlich? Ich bin Helvi, das da unten ist Butz und der mit dem Ameisenhirn heißt Kipp.«

»Haha.« Kipp zog eine Grimasse.

Der Mann streckte sich: »Theo. Theo Hampus!«

Hatte ich also recht, dachte Helvi und richtete sich wieder an Theo: »Aha. So, und wo wir uns jetzt schon so gut kennen, hab ich da mal eine Frage, so von Heinzelmädchen zu Mensch ...«

Sie wurde vom Klingeln der Türglocke unterbrochen. Theo setzte Helvi ab und zischte den Heinzels zu: »Ihr fasst nichts an und seid mucksmäuschenstill!«

ZWEI BRÜDER

Die drei nickten so unschuldig wie möglich und schauten Theo hinterher, der – die Domspitze immer noch in der Hand haltend – in den Laden ging. Sie konnten erkennen, dass ein Mann hereinkam, der genauso aussah wie der Kerl auf den riesigen Werbeplakaten, die sie auf ihrer Flucht vor dem Mops gesehen hatten. Sehr unsympathisch. Und er schien nicht gerade bester Laune zu sein. Theo begrüßte ihn mit: »Oh, hallo Bruno!«

Aber Bruno hatte nicht nur keine gute Laune, er war regelrecht wütend und fragte mit scharfer Stimme: »Hast du Charles so zugerichtet?«

Er zeigte zum Schaufenster. Draußen saß – Helvi traute ihren Augen kaum – der Mops, zerzaust und noch triefend vor Wasser, und schaute ängstlich in die Backstube. Neben dem Hund stand eine zierliche Frau, die versuchte, Charles mit einem Tuch trocken zu reiben. Dann kam sie in den

Laden geeilt. »Hallöchen«, rief sie mit einer sehr durchdringenden – um nicht zu sagen unangenehmen – Stimme.

Helvi, die Theos Gesicht nicht sehen konnte, hörte ihn knurren: »Du und deine Quarktasche habt drei Sekunden, dann fliegt ihr hier raus!«

Bruno knurrte zurück: »Irrtum, Bruderherz, du fliegst. Du bist nämlich schon lange pleite.«

»Ja, weil die Leute nur noch deine billigen Plombenzieher kaufen!«

Bruno zuckte gelangweilt die Schultern: »Pah ... besser als deine Staubfänger.«

Helvi konnte Theos Blick zwar nicht sehen, aber wenn der

nur halb so feindselig war wie der von Bruno, dann schauten sich beide wirklich äußerst feindselig an!

Die Dame mit der schrillen Stimme seufzte: »Hach! Geht das schon wieder los!« Sie verdrehte die Augen und zauberte einen pinkfarbenen Cupcake aus ihrer Handtasche, den sie Bruno mit einem schiefen Lächeln überreichte.

»Du hast ja keine Ahnung«, brüllte Theo, und Helvi sah, wie sein ganzer Rücken bebte.

»Du hast keine Ahnung«, schrie Bruno zurück und auch er bebte.

Theo holte aus und pfefferte Bruno die leckere Domspitze direkt ins Gesicht. Der machte »Uff!« und schleuderte nun seinerseits Theo den pinken Cupcake direkt auf die Nase.

Während Kipp und Butz sich durch das Regal mit den leckeren Zutaten (Schokolade, Zucker, kandierte Früchte usw.)

futterten, entbrannte draußen im Laden eine wahre Kuchenschlacht. Die zierliche Frau reichte Theo einen Cupcake nach dem anderen aus ihrer scheinbar bodenlosen Handtasche, und die beiden Brüder bewarfen sich mit all dem Süßkram, den sie zu fassen kriegten. Helvi war sich mittlerweile nämlich mehr als sicher, dass das Theos Bruder sein musste, der auch auf dem Foto in der Backstube so grimmig dreinblickte.

Gerade als Butz sich ein Bild von der Schlacht machen wollte, patschte ihm einer der pinken Cupcakes gegen den Kopf. Butz und Helvi probierten und verzogen beide angewidert den Mund. »Bah! Also backen kann der Stinkstiefel deutlich besser als die dicke Kirschwampe!«

Mittlerweile lagen die beiden Brüder ineinander verkeilt auf dem Boden und Bruno röchelte: »Gibst du auf?«

Theo röchelte zurück: »Niemals!«

Die zierliche Dame räusperte sich, zog ein schmales Tablet hervor, drückte auf das Display und eine lange Papierschlange fuhr heraus. »Apropos Aufgeben. Vielleicht könnte ich Sie ja mal daran erinnern, warum wir überhaupt hier sind?«

»Ach ja, richtig. Danke, Harriet!« Bruno rappelte sich auf, nahm die Papierschlange, leckte sie an und pappte sie Theo auf die Stirn. »Das ist eine exakte Liste all deiner unbezahlten Rechnungen: Strom, Gas, Wasser ... Um es kurz zu machen: Ich habe deine Schulden übernommen. Du hast genau eine Woche Zeit, sie zu bezahlen.«

Theo starrte abwechselnd auf die mit Zahlen bedruckte Papierschlange und seinen Bruder.

Der sprach weiter: »Wenn nicht, gehört das Haus mir und du kannst deine Koffer packen!«

Bruno wandte sich ab und verließ mit Harriet den Laden. In der Tür drehte er sich noch mal um und sagte: »Ach ja, alles Gute zum Geburtstag, Bruderherz!«

DIE KONDITOREI HAMPUS

Die Stimmung im Laden als ›bedrückt‹ zu beschreiben, wäre die Untertreibung des Jahres gewesen. Theo saß geschockt am Tisch und blickte immer wieder auf die lange Liste mit den Zahlen. Die Heinzels standen mindestens ebenso zerknautscht vor ihm. »Hättest aber wirklich mal was sagen können«, meinte Helvi halblaut. Da Theo nicht reagierte, stimmten Helvi und Butz – und nach einer ›freundlichen‹ Ermahnung mit dem Ellbogen auch Kipp – ein Geburtstagslied an. Aber das konnte Theo nicht aufmuntern.

»Mein Zuhause ...«, sagte er mehr zu sich selbst als zu den Heinzels, sprach den Satz aber nicht zu Ende. Stattdessen blickte er traurig zu dem Foto an der Wand und stand schwerfällig auf.

Helvi und Butz schauten sich irritiert an. »Dann geh ich jetzt wohl mal Koffer packen«, meinte Theo mit gesenktem Kopf.

»Doch keine Kuchenbäckerin«, meinte Butz mit einem betrübten Seitenblick auf Helvi.

Kipp zuckte mit den Schultern. »Dann können wir ja endlich nach Hause.«

Helvi bekam Panik und zog Theo energisch am Ärmel zurück. »Nein, warte! Ich kann dir doch helfen!« Sie blickte zu Butz und Kipp. »WIR können dir helfen. Wir sind doch Heinzels!«

Kipp rollte genervt mit den Augen, während Helvi fröhlich zurück in das Regal mit den Zutaten hüpfte, einige davon auf den Tisch warf und rief: »Wir arbeiten Tag und Nacht! Und auch dazwischen!«

Helvi, wie aufgezogen, schob einige Schüsseln zusammen und verschwand in einer Schublade, aus der plötzlich Löffel,

Teigrollen und Schneebesen herausflogen. Sie grinste Theo breit an. »Keine Sorge, wir heinzeln das!«

Theos trauriger Blick verzog sich langsam zu einem zarten Lächeln, das aber bei Helvis nächstem Satz wieder verblasste. »Du musst mir bloß das Backen beibringen.«

Er runzelte die Stirn und bekam große Augen: »Du kannst gar nicht backen?«

Helvi schnappte sich ein paar Streichhölzer. »Nö, aber das kann ja nicht so schwer sein!« Sie stopfte Zeitungspapier in den Ofen und plapperte weiter. »Wir fangen am besten gleich an mit dem Unterricht. Ich mach schon mal den Ofen an.« Ehe Theo etwas sagen konnte, entzündete sie das Papier, das hell aufflackerte.

Butz stand etwas betreten auf dem Tisch und meinte: »Alles gut, Helvi weiß, was sie tut.«

Das Papier loderte nun lichterloh und Theo rannte aus dem Laden.

»Oder auch nicht«, frotzelte Kipp genervt.

»Keine Sorge«, rief Helvi, »das lösche ich nullkomma-schwupps!« Sie schnappte sich eine große Flasche aus dem Regal und las: »Spiiii-riii-tuuus? Nie gehört.«

Sie schraubte den Deckel ab und kippte die Flüssigkeit genau in dem Moment in die Flammen, als Theo mit dem Wasserschlauch aus dem Garten kam. Es gab einen Knall, es begann zu dampfen, und kurz war der komplette Laden ver-nebelt.

Als sich der Rauch verzogen hatte, starrten die drei Hein-zels auf einen wütend dreinblickenden Theo, der inmitten seiner demolierten Backstube stand.

»Ups! Also eigentlich sind wir Heinzelmännchen total nützlich und hilfreich«, sagte Helvi kleinlaut.

Im nächsten Moment hatte sich Theo alle drei Heinzels geschnappt und auf dem Komposthaufen im Garten ausge-setzt.

Diese Geschichte könnte, nein, müsste jetzt zu Ende sein. Heinzelmännchen und Menschen passen eben nicht zuei-nander. Helvi, Butz und Kipp würden sich wieder in ihre Heinzel-Welt verziehen, Theo seine Backstube aufgeben und Bruno immer reicher und immer dicker werden. Punkt, aus, Ende!

Aber wer Helvi kennt, wird ahnen, dass sie sich nicht so schnell kleinkriegen ließ.

Sie hatte beschlossen, Kuchenbäckerin zu werden, und Theo sollte ihr Lehrmeister sein! Also würde sie – mit einer helvinösen Idee, versteht sich – den grummeligen Theo dazu bringen müssen, sie nicht nur zu mögen, sondern ihr auch noch alles beizubringen, was er wusste. Sie hatte sich überlegt, dass sie am besten damit anfangen würde, seine Lust am Backen wieder zu entfachen.

Dazu brauchte man Zutaten. Viele Zutaten! Wie die Heinzels es unter Helvis Führung fertigbrachten, einen ganzen Einkaufswagen voller Zutaten aus einem Backshop (der, das mal so ganz nebenbei, Bruno gehörte!) zu bekommen, ohne dafür zu bezahlen, wie Kipp seine geliebte Zipfelmütze einbüßte und nun stattdessen die Gummikappe einer Riesen-

flasche Liebesperlen trug, wie sie erneut nur knapp dem gefräßigen und hinterhältigen Mops Charles und der schrecklichen Harriet entkamen – das wäre ein eigenes Buch. Mit ungefähr 200 Seiten. Lasst euch gesagt sein: Helvi schaffte es! Und auch, wenn er es niemals offen zugeben würde: Kipp war doch langsam beeindruckt von dem willensstarken Heinzelmädchen ...

Jedenfalls standen sie nun mit ihren drei riesigen Einkaufswagen voller Leckereien vor Theo und der starrte sie einfach nur verblüfft an. Na gut, sie standen nicht wirklich VOR ihm – eigentlich fuhren sie ihn mehr oder weniger ÜBER DEN HAUFEN!

Theo hatte mit allem, aber nicht damit gerechnet: Die Heinzels waren wieder da. Und sie hatten genug Zutaten dabei, um eine ganze Wagenladung Domspitzen zu backen.

Allerdings hatten weder er noch Kipp, Butz oder Helvi eine Ahnung davon, dass Bruno langsam anfing sich zu fragen, was da in Theos Backstube vor sich ging. Denn in diesem Moment saß er nämlich vor Charles, dem Mops, und musterte argwöhnisch die kleine Zipfelmütze, die er ihm gerade aus dem Maul gefischt hatte. Da stimmte doch etwas ganz und gar nicht – und er würde herausfinden, was!

DAS GROßE BACKEN

Nichts von den Gedanken seines Bruders ahnend, saß Theo immer noch inmitten eines riesigen Zutatenbergs und starrte auf die Heinzels. Alle sahen zerzaust, aber glücklich aus. Kipp hatte ein Büschel Petersilie auf dem Kopf, sodass es aussah, als hätte er eine vollkommen verrückte Frisur, Butz jonglierte mit Geleebohnen und Helvi guckte ihn fröhlich über einen riesigen Fisch hinweg an. Alles in allem ein sehr irritierendes Bild!

»Wo habt ihr all das Zeug her?« Theo kratzte sich am Kopf.

Butz, der noch immer jonglierte, grinste: »Aus einer riesigen Vorratskammer. So was hast du noch nicht gesehen!« Sie verschwiegen den Umstand, dass sie ›vergessen‹ hatten, zu bezahlen.

Helvi lächelte Theo keck zu: »Na, wieder Freunde?«

Bevor Theo nicken oder auch den Kopf schütteln konnte, griff Helvi sich einen Sahnebecher und rannte an Theo vor-

bei in die Backstube. »Und jetzt retten wir deine Kuchen-
bäckerei«, rief sie völlig aufgedreht. »Du hast die Wahl: backen oder packen!« Kipp und Butz liefen ihr hinterher –
nicht weniger aufgeregt.

Theo nahm einige Zutaten in die Hand und betrachtete
sie genauer. Brunos Logo prangte darauf. Da fing auch er
langsam an zu grinsen und schaute auf die übereifrigen
Heinzels.

Helvi deutete das Grinsen richtig und salutierte: »Kuchen-
bäcker-Lehrling Helvi meldet sich zum Dienst, großer Meister.« Auch Butz salutierte, während Kipp die beiden skep-
tisch musterte.

»Na gut, als Erstes brauchen wir Erdbeeren aus dem Garten!«, sagte Theo und die Heinzels flitzten hinaus in den Garten, um …

Da knallte die Tür hinter ihnen zu. Theo verschloss sie von innen. Durch das Fenster sahen die drei Heinzels, dass der Kuchenbäcker sich nun allein an die Arbeit machte – mit ihren Zutaten. »Menschen sind gemein und hinterlistig und undankbar«, meinte Kipp und war beleidigt.

Helvi ließ sich nicht beirren. Sie fand einen Weg ins Innere des Hauses und stand schneller wieder vor Theo, als der eine Packung Zucker öffnen konnte. »Ich will auch lernen, was du kannst«, sagte sie. »Und ich gehe nicht eher weg, bis du mir das Backen beigebracht hast.« Helvi machte ein Gesicht, das kein Nein gelten ließ, und hielt den Kassenbon mit Theos Schulden in die Luft. »Dafür helfen wir auch damit!«

Theo gab sich geschlagen. »Okay, ich bringe euch das Backen bei. Aber danach verschwindet ihr wieder.«

Auch wenn er dabei grimmig schaute, klang seine Stimme gar nicht so grummelig wie sonst. Helvi hob begeistert die Hand zum Schwur. Kipp und Butz taten es ihr nach. »Versprochen. Großes Heinzelmännchen-Ehrenwort!«

Damit schien Theo nun zufrieden zu sein und atmete tief durch. »Also gut, ihr dürft mir zur Hand gehen. Ich brauche Mehl, Butter, Zucker und Vanilleextrakt …« Theo hatte seinen Satz noch nicht beendet, da schleppte Helvi bereits ächzend eine Mehlpackung herbei. Auch Butz machte sich nach bestem Wissen und Gewissen nützlich. Nur Kipp stellte sich ein klein bisschen ungeschickter an als nötig. Aber da hatte

er bei Theo keine guten Karten. Streng wies der ihn zurecht, wann immer er einen Fehler machte.

Halblaut murmelte Kipp: »Vendla hat recht. Menschen sind arrogant.«

Während in Theos Backstube eifrig gewerkelt wurde, saßen auf der anderen Straßenseite Bruno, Harriet und Charles, der Mops, in Brunos Hightech-Bäckerei in einem topmodernen Büro.

Harriet tippte etwas in ihr Tablet. »Die Öfen laufen wieder zu heiß«, sagte sie aufgeregt, »die verflixte Steuerung muss repariert werden!« Bruno winkte ab. »Das kann jetzt auch noch warten.«

»Aber wir fliegen hier noch alle in die Luft, Chef. Wir brauchen dringend die neue Fabrik.«

»Nächste Woche beginnen wir mit dem Bau«, sagte Bruno und zeigte auf einen großen Bildschirm, der an der Wand seines Büros hing. Zu sehen war Theos Haus. Mit einem Knopfdruck verschwand das Haus und stattdessen tauchte an gleicher Stelle eine riesige Fabrik auf.

»Ist sie nicht wunderschön?«, schwärmte Bruno begeistert.

Harriet nickte, warf dann aber ein: »Was, wenn Ihr Bruder doch seine Schulden bezahlen kann?«

Kurz schien Bruno diese Vorstellung die gute Laune zu nehmen, dann brach er in schallendes Gelächter aus. Harriet fiel ein. Nur Charles kaute weiter auf Kipps geklauter Mütze herum.

In Theos Backstube, die – nach Brunos Vorstellung – in einer Woche bereits einer riesigen Fabrik weichen sollte, setzte sich Theo gerade seine wunderbare Konditormütze auf und lockerte die Hände. Sein Körper straffte sich und eine regelrechte Energie-Welle durchfuhr ihn. Helvi betrachtete fasziniert, wie diese Veränderung in ihm vorging. »Schon mein Vater sagte: Man muss lieben, was man backt. Und dazu bedarf es Gefühl.«

»Gefühl … logo!«, antwortete das Heinzelmädchen und schaute ganz genau zu, wie Theo anfing, Butter, Zucker und Vanilleextrakt in einer Schüssel zu kneten. Dann gab er Wasser und Mehl dazu. Seine Gesichtszüge wurden weich und konzentriert. Ja, er liebte wirklich, was er backte.

Helvi stellte sich zunächst etwas ungeschickt an, aber ein strenger Blick von Theo reichte, damit sie sich wieder konzentrierte. Er war ein guter Lehrmeister. »Außerdem braucht man Geduld«, sagte er. »Und Präzision!«, fügte er hinzu, als Helvi sich den Finger an der noch heißen Schokolade verbrannte, die im Topf vor sich hin schmolz.

Während das Heinzelmädchen genau beobachtete, wie Theo mit einer Tülle Sahne-Verzierungen auf ein Teigstück zauberte, schnippelte Butz hingebungsvoll Erdbeeren und Kipp hantierte gedankenverloren an einer riesigen Rührmaschine herum. Ein bisschen zu gedankenverloren, denn er plumpste hinein und tauchte prustend und teigverschmiert wieder am Rand auf. Alles in allem schlugen sich die Heinzelmännchen aber sehr gut für ihren ersten Arbeitstag.

»Kann ich denn jetzt auch mal backen?«, fragte Helvi ungeduldig, als Theo mit dem kunstvollen Garnieren einiger Cupcakes fertig war.

»Nein!« Theos Antwort war deutlich. »Du darfst mir zur Hand gehen. Von mehr war nicht die Rede.«

Kipp schaute von seinem Teigbottich herüber. »Ich werde Kuchenbäckerin und gewinne eine riesengroße Mütze«, äffte er Helvi nach und schnitt eine Grimasse. Gerade als Helvi sich auf ihn stürzen wollte, brüllte Theo dazwischen: »Wolltest du nicht backen lernen?«

»Du lässt mich ja nicht!«

Theo beugte sich zu ihr herunter und deutete auf ihre Hände: »Lern erst mal, die zu benutzen.« Dann tippte er auf ihr Herz. »Vielleicht zeige ich dir dann, wie man DAS benutzt. Und jetzt an die Arbeit!«

Die Heinzelmännchen arbeiteten bis zum Abend fleißig mit und so entstanden immer mehr Cupcakes, Teig- und Gebäckteilchen, die auf kleinen Blechen verteilt wurden. Als es draußen bereits dunkel war, meinte Theo gähnend: »So, für heute reicht es. Der Meister geht ins Bett – und ihr räumt die Backstube auf.«

AUF DEM DACHBODEN

Die Heinzels fügten sich murrend und taten, was Theo verlangte. Zur Belohnung durften sie – ausnahmsweise! – in Theos altem Koffer schlafen. Auf dem Dachboden allerdings.

Butz und Helvi standen am Fenster und betrachteten fasziniert den Mond, der über dem Kölner Dom aufgegangen war. »Wenn das die anderen sehen könnten ...«, flüsterte Helvi gerade, als es plötzlich hinter ihnen krachte.

Sie erschrak, drehte sich um und sah Kipp, der betreten vor einem geöffneten Schrank stand, aus dem unzählige alte Spielsachen gefallen waren. »Wollte nur mal nachschauen, was da drinnen ist«, grummelte er.

»Oh toll!«, rief Helvi und sah sich alles genauer an: eine elektrische Eisenbahn, Bauklötzchen, eine Weltraumrakete, einen Spielzeugroboter und etliche andere wundervolle Dinge. Ein ganzer Spielzeugladen lag hier vor ihnen!

»Mir ist nix passiert, danke der Nachfrage«, sagte Kipp

säuerlich. Auf seinem Kopf saß ein Äffchen, das jeweils ein Schlagbecken in seiner linken und eines in seiner rechten Hand hatte und ihm diese gerade munter um die Ohren schlug.

Immer tiefer wühlten sich die Heinzels durch den Spielzeugberg. Sie vergaßen vollkommen, wie müde und erschöpft sie waren, denn so etwas hatten sie noch nie gesehen.

Kipp fand einen Kinderspielzeuggürtel, an dem lauter echtes Werkzeug hing, und legte sich diesen jauchzend um. Butz spielte fasziniert mit kleinen Blechtieren, die anfingen zu laufen und zu hüpfen, wenn man sie aufzog, und Helvi entdeckte eine Lampe mit einem bunten Papierkegel, die eine wunderschöne Melodie von sich gab, wenn man sie anschaltete. Ehrfürchtig saßen die Heinzels davor und lausch-

ten der Musik. Die drei starrten staunend auf die wunderschönen Regenbogenbilder, die die Lampe an die Wand warf, als plötzlich ein langer Schatten auf sie fiel. Sie zuckten zusammen. Theo stand hinter ihnen! Aber statt zu schimpfen, betrachtete auch er die Spieluhrlampe und sagte leise: »Das Mondlied ... Bruno und ich haben es früher jeden Abend gehört.«

Helvi wagte sich vor und fragte: »Wieso mögt ihr euch eigentlich nicht mehr?«

»Ist eine traurige Geschichte«, antwortete Theo und die Melodie der Lampe endete abrupt.

Alle drei Heinzels riefen gleichzeitig: »Erzähl!«

Theo schüttelte den Kopf und wollte – typisch grummeliger Stinkstiefel – wieder gehen, da schnappte sich Butz eine Spielzeugtrompete und pustete lautstark hinein, Helvi trommelte mit einem Bauklotz auf einem elektrischen Frosch herum, und Kipp aktivierte das Äffchen, das mit den Becken zu schlagen begann. Theo hielt sich die Ohren zu und rief: »Jajajaja! Schon gut, aufhören!«

Er setzte sich seufzend und zog ein altes Notizbuch unter der Matratze hervor. Gespannt kletterten die Heinzelmännchen hinter ihm aufs Bett und betrachteten die ersten Seiten des Buches, die Theo langsam durchblätterte. Das Buch war voll mit Rezepten. Auf einer Seite war ein altes Foto eingeklebt. Es zeigte Theo und Bruno als Kinder, die Quatsch machten und Backwerk in die Kamera hielten.

Theo seufzte beim Betrachten des Bildes erneut und sagte: »Bruno und ich waren mal das perfekte Team. Ich habe

heimlich nachts in Vaters Backstube gebacken und Bruno verkaufte die Sachen dann an die Nachbarskinder. Die waren total wild auf meine Törtchen. Bruno war ein echtes Verkaufsgenie.«

Theo schmunzelte bei dieser Erinnerung und sah sich auf dem Dachboden um. »Das Geld haben wir dann in Spielzeug angelegt. Mann, das war das Paradies hier!«

Durch Theos Erzählung schien es den drei Heinzels, als würde sich der Dachboden plötzlich verändern. Die Lampe warf Schatten von Theo und Bruno an die Wände, die zwischen ihren Spielzeugbergen lachten und tobten. Zwei glückliche Kinder. Zwei Brüder.

Theo sprach weiter: »Abends im Bett habe ich neue Rezepte in mein Notizbuch geschrieben und Bruno schaufelte die Einnahmen in unsere kleine Schatzkiste.« Nun lachte Theo und fischte die kleine Schatztruhe unter den anderen Spielsachen hervor. Er klappte sie auf und fand am Boden der Kiste tatsächlich noch eine einzelne Münze. Sein Gesicht verfinsterte sich. »Na ja, ist lange her!«

Er schlug das Buch zu und stand auf. Da protestierte Helvi: »He, da fehlt aber noch der traurige Teil der Geschichte! Erzähl weiter!«

Alle drei Heinzels schauten ihn mit flehendem Hundeblick an.

»Ihr Quälgeister«, grummelte Theo in altbekannter Art und Weise, setzte sich aber wieder. »Es fing an bei den internationalen Konditormeisterschaften. Ich wurde der jüngste Champion aller Zeiten. Papa platzte vor Stolz ...«

»... und Bruno vor Neid«, ergänzte Helvi.

Theo nickte traurig. »Da war es aus mit dem perfekten Team. Und als Papa starb, wollte Bruno den Laden dichtmachen und eine Fabrik bauen. Torten vom Fließband. Aber Backen ist eine Kunst und ein Theo Hampus steht nicht am Fließband! Da hat's natürlich geknallt und Bruno ist abgehauen.« Theo zeigte zum Fenster. »Und wenig später baute er diesen Klotz da – natürlich genau gegenüber. Jetzt bin ich ein armer Konditor und er ein reicher Kotzbrocken.«

Er erhob sich und knipste die Lampe aus. »So, das war die ganze Geschichte. Schlaft jetzt! Wir stehen früh auf.«

Theo schloss die Tür hinter sich und der Dachboden wurde wieder in Dunkelheit gehüllt. Kipp und Butz schliefen fast sofort ein, nur Helvi lag noch lange wach. Sie war viel zu aufgeregt zum Schlafen. Sie saß auf der Fensterbank und las im Licht der gegenüberliegenden Fabrik in Theos Rezeptebuch. Tausend Gedanken schossen ihr durch den Kopf – und schließlich hatte sie eine Idee. Sie blickte auf die Spielsachen, lächelte, klappte entschlossen das Buch zu und weckte Kipp und Butz.

»Ich habe eine Idee. Eine helvinöse!«, sagte sie zu den beiden schlaftrunkenen Heinzelmännchen. »Wir fangen schon mal an zu backen!«

Kipp strecke sich und fragte: »Ach – und wie will das kluge Heinzelmädchen die schweren Geräte bedienen?«

Helvi grinste. »Da ist dein Ameisenhirn gefragt!«

ES HEINZELT

Als Theo am nächsten Morgen die Backstube betrat, dachte er im ersten Moment, er würde noch schlafen und einen sehr seltsamen Traum träumen.

Er wischte sich die Augen, aber es war keine Erscheinung, sondern echt. Die Backstube hatte sich in ein Spielzeug-Wunderland verwandelt!

Seine alte Dampflok trieb an Seilen hängende Spielzeug-Gondeln an, in denen Zutaten zu Helvi transportiert wurden. Das Heinzelmädchen saß in einem kleinen Puppen-Karussell, an dem mehrere Schüsseln befestigt waren. Per Knopfdruck ließ Helvi das Karussell mit der Seilbahn drehen, während sie die Zutaten in einen Bottich abfüllte. Der fertige Teig darin wurde nun langsam in Backförmchen ausgekippt, die auf einem Blech lagen.

Butz saß stolz in dem kleinen Spielzeugbagger, der das Blech fest im Griff hatte, und bewegte es so, dass jedes Förmchen gefüllt werden konnte. Dann schob er das Blech direkt in den Ofen. Sobald alles fertig gebacken war, manövrierte es Butz geschickt wieder mit der Baggerschaufel hinaus und belud die vorbeifahrende Eisenbahn mit den Backförmchen.

Während die einzelnen Wagen an ihr vorbeifuhren, portionierte Helvi wiederum ein leckeres Zitronentopping auf den Leckereien. Kipp huschte währenddessen wie ein Wirbelwind hin und her. Er war ganz in seinem Element, werkelte mal hier etwas herum, zog mal da eine Schraube etwas fester oder lockerer und achtete darauf, dass die kleine Dampfmaschine ordentlich lief, die alles antrieb. Dabei kontrollierte er noch, ob die Sahne richtig geschlagen wurde, ob die Butter schmolz und die Gelatine sich auflöste. Außerdem belud er die Seilbahn immer wieder mit den nötigen Zutaten. Er grinste vor Begeisterung.

Alle drei Heinzels waren ganz in ihrem Element und sangen während der Arbeit ein Lied, als hätten sie nie etwas anderes getan. Sogar der kleine blechschlagende Affe hatte eine Aufgabe und klatschte im Rhythmus auf eine gefüllte Spritztülle, die jedem Teilchen einen Sahneklecks verpasste.

Eine richtige kleine Süßwaren-Heinzelmännchen-Fabrik war entstanden, und Theo kam aus dem Staunen gar nicht mehr heraus. Helvi grinste über das ganze Gesicht. »Hat alles Kipp erfunden. Der hat mehr in seinem Ameisenhirn, als man glaubt!«

Sie lächelte Kipp an, der erst überrascht schaute und dann knallrot wurde. Stolz lehnte er sich an eine Gondel seiner selbst gebauten Seilbahn und kippte prompt vornüber auf die Spielzeugkanone. Die ging los und pfefferte Theo etwas von der Zitronenmasse auf die Nasenspitze. Er wischte sie mit dem Finger weg und schleckte ihn ab.

Helvi hüpfte vom Karussell auf den Tisch und präsentierte Theo sein eigenes Rezeptebuch. »Ihr seid doch völlig bekloppt«, grinste er. »Und das gefällt mir!«

Helvi nickte entschlossen. »Und jetzt retten wir deinen Laden!«

Theo nickte ebenfalls, krempelte die Ärmel nach oben und mischte nun richtig mit. Butz und Kipp bedienten die Backmaschine, während Helvi ihm eine Teigmasse nach der anderen zum Probieren reichte. Jedes Mal hatte Theo etwas zu sagen: »Weniger Zucker!«, rief er, oder: »Länger rühren! – Mehr Zimt!« Helvi rotierte regelrecht, so sehr strengte sie sich an.

Während Butz und Kipp den Laden putzten und schließlich all die Leckereien einräumten, baute Helvi sich in der
Backstube einen Sichtschutz aus Backblechen, hinter dem
sie verschwand und ihr eigenes Ding machte. Als Theo dahinter gucken wollte, schob sie ihn energisch beiseite. »Deine
Backsachen sind echt lecker«, sagte sie, »aber da muss mehr
Helvi rein!«

Sie hantierte so schnell, dass einem schwindelig werden
konnte, verschwand zwischendurch im Garten, kam mit
Blumen wieder und wirbelte herum, sodass Theo kaum hin-
terherkam. Schließlich kam sie hinter ihren Backblechen
hervor, blickte Theo verschwitzt und stolz an und rief: »Ich
wäre dann so weit!«

Sie schob den Sichtschutz beiseite und vor Theos Augen
taten sich die unglaublichsten Kreationen auf: schrillbunte
Cupcakes, die wie Knallfrösche aussahen, Raketen und

Roboter aus Marzipan, Monde mit grinsenden Theo-Gesichtern, Blumen aus Zuckerguss, Heinzelmännchen aus Schokolade und viele andere einzigartige Süßigkeiten.

Theo schaute abwechselnd auf den Kuchen-Wahnsinn vor sich und auf Helvi. Die reagierte ungeduldig: »Du hast gesagt, man muss lieben, was man backt!«

Theo schnappte sich einen der Knallfrösche und biss hinein. Es knackte sehr deutlich beim Kauen. Aber er ließ sich nicht anmerken, ob es ihm schmeckte. Er kaute langsam und gründlich, während Helvi immer nervöser wurde.

»Und, ist er gut?«, fragte sie. Theo kaute weiter und ließ sich nicht stören. Langsam wurde Helvi sauer. »Das machst du mit Absicht!« Theo kaute immer noch weiter, fing dann aber an zu lächeln. »Das hätte ich dir gar nicht zugetraut!«

Helvi strahlte über ihr ganzes Heinzelmädchen-Gesicht.

MISSION LADENRETTUNG

Später am Abend bestaunten die drei Heinzels und der eine Mensch das Ergebnis ihrer Arbeit. Sie schauten in einen vollkommen verwandelten Laden. Alles blitzte und blinkte. Kipp und Butz hatten sich mächtig ins Zeug gelegt beim Putzen, und die Regale waren gefüllt mit den unvorstellbarsten Köstlichkeiten. Auch Helvis Back-Kreationen standen darunter. Theo wirkte für einen Moment regelrecht überwältigt. »Es ist alles ganz genau so wie früher«, sagte er, »nur noch schöner!«

Eine Träne kullerte ihm über die Wange und patschte auf den Boden. Sofort war Kipp zur Stelle und wischte sie auf. »Hey, du machst ja alles wieder nass!«

Helvi lächelte zu Theo hinauf. »Ich hab doch gesagt, wir heinzeln das!«

Theo wischte sich übers Gesicht. »Das habt ihr! Im Helfen seid ihr kleinen Kerle echt die Größten!«

Zur Feier des Tages schoss Theo noch ein Foto von sich und den drei Heinzels mit seiner alten Polaroid-Kamera, die die Bilder direkt ausdruckte. Zum Andenken an die besten Konditor-Gehilfen aller Zeiten.

Schließlich strich er versonnen über den blank geputzten Tresen und bemerkte gar nicht, wie aufgekratzt Helvi war. Sie rannte zur Tür und rief: »Na, dann kann es ja losgehen!«

Theo erwachte aus seinen Tagträumen. »Was? Jetzt?«

»Du musst nur lächeln.« Helvi hüpfte an ihm herauf und formte aus seinem erstaunten ein mehr oder weniger fröhliches Gesicht, indem sie seine Mundwinkel nach oben zog. »Komm mal her. So ... Nee, noch lächliger!«

Die Stunden vergingen und sie standen – immer depri-
mierter werdend – im Laden und warteten darauf, dass
jemand hereinkam. Die Passanten allerdings gingen an
Theos Konditorei vorbei, ohne sie eines Blickes zu wür-
digen.

»Och Mann, wieso kommt denn keiner?«, fragte Butz.

»Der Laden ist seit Jahren geschlossen«, sagte Theo traurig. »An mich erinnert sich einfach keiner mehr.«

Helvi guckte durch das Schaufenster nach draußen auf die
Straße und entdeckte gegenüber die große Werbewand vor
Brunos Fabrik. Da hatte sie eine Idee. Natürlich war sie wie
immer helvinös!

RAKETENSTARK

Während Theo Trübsal blies, hatte Helvi Butz und Kipp in ihren Plan eingeweiht. Das führte dazu, dass Kipp erst wie verrückt an einer Spielzeugrakete geschraubt und gewerkelt hatte, und diese nun am offenen Fenster des Dachbodens stand. Die Rakete war gerammelt voll mit kleinen Pappkartons. Theo schüttelte den Kopf.

Auf dem hinteren Sitz befand sich niemand anderes als Butz, der fleißig Zuckerbohnen in sich hineinstopfte. Helvi sorgte dafür, dass der Vorrat nicht abriss, und schüttete gerade zwei weitere Hände voll auf dem Schoß des Heinzels aus. Butz stopfte sich die Backen voll und plötzlich fing es in seinem Magen an zu rumoren und zu rumpeln. Er vibrierte am ganzen Körper – bis er schließlich einen mordsmäßigen Pups fahren ließ. Dieser schoss als eine Art Antrieb durch einen Schlauch, den Kipp an der Rakete montiert hatte, und Helvi rief: »Alle Mann an Bord!«

Sie setzten sich kleine Metalltrichter als Helme auf die Köpfe und begaben sich in Position. Kipp hielt den Steuerknüppel zwischen den Beinen, Helvi setzte sich zu den Kartons und Butz machte es sich hinten auf seinem Stuhl gemütlich, während in seinem Magen die Zuckerbohnen rumorten.

Theo meinte trocken: »Ich finde diese Idee entschieden zu helvinös.«

Kipp schaute lässig von seinem Steuerknüppel auf. »Glaub mir, man gewöhnt sich dran!«

Theo hob den Daumen und löste auf ein Zeichen Helvis ein kleines Ventil am Auspuffrohr. Erst bebte der Magen von Butz, dann bebte die Rakete und sauste schließlich mit einem lauten Knall aus dem Fenster hinaus!

Staunend knatterten die drei über die beleuchtete Stadt

im Abendrot. Sie flogen tatsächlich! Eine helvinöse Idee, die geklappt hatte! Fasziniert starrten sie auf die Lichter unter sich und beinahe hätte Kipp ein Hochhaus gerammt, weil er nicht nach vorne geschaut hatte. Und dann tauchte vor ihnen der imposante Kölner Dom auf. Sie konnten Menschen erkennen, die auf dem Platz vor dem Dom hin und her liefen, sich unterhielten oder das wunderschöne Bauwerk bewunderten. Beim Blick nach oben fiel manchen nun auf, dass da eine merkwürdige Rakete über ihnen herflog.

Helvi reagierte sofort und zauberte aus den Pappkartons, die sie mit an Bord genommen hatte, lauter winzige Cupcakes hervor, die an kleine Fallschirme gebunden waren. Dann ließ sie einen nach dem anderen davon nach unten fallen. Ein wahrer Regen aus Schirmchen ging auf die Menschen vor dem Dom nieder.

Ein Junge fing als Erstes einen und schaute verwundert auf das, was da in goldener Schrift auf dem Schirm geschrieben stand.

Laut las er seiner kleinen Schwester vor, die versuchte, ihm den Cupcake zu entreißen: »Konditorei Hampus. Morgen 10 Uhr, große Neueröffnung!« Das kleine Mädchen schnappte sich den Cupcake, biss hinein und rief: »Mmmmmh! Lecker!«

Nun probierten alle, die einen Cupcake am Schirm ergattern konnten, und allgemeiner Jubel brach aus. Begeistert pfiffen, johlten und klatschten die Leute der Rakete hinterher, die weiter ihre Kreise zog. Übermütig zog Kipp die Rakete nach oben und flog einen Looping. Der Kondensstreifen formte sich zu einer riesigen Zipfelmütze, die sich auf die Spitze des Kölner Doms setzte.

Als die Menschen unten das sahen, rasteten sie vollkommen aus.

Helvi platzte beinahe vor Stolz. »Ich fress meine Mütze, wenn jetzt noch was schiefgeht«, rief sie ihren beiden Raketen-Heinzels zu. Sie schüttelte die leeren Kartons, und ein letzter Cupcake fiel heraus. Der Schirm öffnete sich nicht richtig und die Heinzels schauten ihm nach, wie er nach unten sauste.

Und wie es der Zufall wollte, klatschte der Cupcake genau auf die Frontscheibe von Brunos Luxuslimousine. Sie fuhr genau in diesem Moment – gelenkt von Harriet – am Dom vorbei. Harriet trat erschrocken auf die Bremse, die Limousine geriet ins Schlingern und Bruno und Mops Charles, die auf der Rückbank saßen, wurden ordentlich durchgeschüttelt. Als sie dann noch versuchte, den Cupcake mit den Scheibenwischern zu entfernen, verschmierte alles so sehr, dass sie gar nichts mehr sah.

»Was ist das denn?«, rief Harriet. »Unerhört!«

Bruno knallte gegen den Vordersitz. »Auuuuu! Anhalten, aber zack, zaaaaa…«

Harriet verlor die Kontrolle über das Auto und begleitet von Brunos »AAAAAAHHHHH!!!« krachten sie gegen die große Werbewand vor Brunos Fabrik.

Das Fiasko wäre beinahe noch größer geworden, denn auch den Heinzels drohte eine unsanfte Landung. Erst im Landeanflug auf Theos Backstube fiel Kipp ein, was er vergessen hatte einzubauen: »Die Bremse!«

Aber Theo, der die ganze Zeit am Dachfenster gestanden und nervös den Raketenflug beobachtet hatte, reagierte wie

ein echter Fußballtorwart und fing die Rakete im Flug, als sie durch das offene Fenster hereinstürzte. Alle landeten – ein bisschen zerknautscht, aber unverletzt – auf Theos altem Bett.

»Alles in Ordnung?«, fragte er.

Die drei Heinzels lächelten selig. Kipp und Butz, weil sie es überstanden hatten, Helvi, weil Theo erleichtert schaute.

»Ich hab mir Sorgen um euch gemacht«, sagte er.

»Hast du uns etwa gern, Stinkstiefelchen?«, fragte Helvi keck. Theo wand sich wie ein Aal, breitete aber schließlich seine Arme aus. »Na ja, so kann man das jetzt nicht ... Ja, verdammt noch mal!«

»Für'n Menschen ist er doch ganz nett«, flüsterte Kipp – laut genug, dass Theo es hören konnte. Helvi nickte und Theo lächelte wieder. Was ihm wirklich hervorragend stand.

Draußen vor Theos Laden war Bruno kein bisschen nach Lächeln zumute. Ächzend rieb er sich den Kopf und rappelte sich auf. »Was war DAS?«, fragte er verwirrt.

Er betrachtete die Scheibenwischer seiner Limousine, die immer noch hin und her wischten und dabei den Cupcake verschmierten. Dann entdeckte er Theos Gesicht auf dem Törtchen und das Wort ›NEUERÖFFNUNG‹ auf dem daran angebrachten Zettel.

Vor Wut wusste er nicht, was er sagen sollte, und blickte zu Harriet, die gerade mit dem Finger über die Substanz an der Scheibe strich, erst daran roch und schließlich probierte. Harriet seufzte entzückt. »Köstlich«, hauchte sie.

Und dann fing auch noch der Mops an, die Scheibe abzulecken.

Noch zorniger als vorher schaute Bruno in Richtung der Konditorei seines Bruders und bemerkte die üppige Auslage hinter den Schaufenstern. »Wie hat der Versager das bloß so schnell hingekriegt?«, zischte er.

»Sind Sie sicher, Chef?«, fragte Harriet, als Bruno sich kurz darauf an der Eingangstür zu schaffen machte. Statt einer Antwort öffnete er die Tür zur Backstube und entdeckte mit einen Blick das Spielzeug aus seiner Kindheit. Sofort fiel er auf die Knie und begann mit dem Bagger zu spielen. »Das war mal meiner«, sagte er verträumt, während Harriet sich durch die Leckereien probierte.

WENN ZWEI SICH STREITEN

Derweil herrschte eine ungewöhnlich friedliche Ruhe in Theos Wohnung über der Backstube. Nach einigem Betteln und intensiven Dackelblicken ließ Theo sich überreden, und die Heinzels mussten nicht auf dem Dachboden die Nacht verbringen, sondern durften in seinem Schlafzimmer schlafen. Dort lagen sie nun glücklich in ihrem Koffer und verhielten sich so ruhig wie möglich. Gerade wollte Theo das Licht löschen, als unten aus der Backstube Gepolter zu hören war. Er schreckte hoch und rannte die Treppe nach unten, die Heinzels dicht auf den Fersen.

Mitten in der Backstube standen Bruno und Harriet und schauten ertappt auf, als Theo vor ihnen stand. Bruno versuchte, die lärmenden Spielzeuge zu stoppen, die er versehentlich in Gang gesetzt hatte, und Harriet wischte sich verstohlen Cupcake-Sahne vom Mund.

Theo stemmte die Arme in die Seite und sagte gefährlich: »Raus hier! Das ist meine Backstube!«

Die Heinzelmännchen waren nun ebenfalls unten angekommen und versteckten sich hinter dem großen Backofen.

Bruno sammelte sich und baute sich jetzt auch vor Theo auf. »Das ist MEIN Bagger! Den darfst du nicht benutzen!«

Theo meinte, eine Regung an Bruno zu erkennen, die er ewig nicht gesehen hatte. So etwas wie Sehnsucht. Aber er wischte diesen Eindruck beiseite und entgegnete: »Ich kann alles benutzen, was in MEINEM Haus ist!«

»Das ist auch MEIN Haus!«, rief Bruno aufgebracht.

Theo wurde noch zorniger. »Ach, jetzt auf einmal? Dir war

die Konditorei doch zu klein und popelig. Verscherbeln wolltest du sie!«

»Wir hatten Schulden bis unters Dach! Kunstvoll backen reicht eben nicht, verkaufen ist auch eine Kunst! Aber das habt ihr ja nie verstanden, Papa und du!« Bruno pfefferte ein Törtchen auf die eingerahmte, zerrissene goldene Mütze, sodass diese von der Wand fiel, und schrie sich richtig in Rage: »Du hattest ja deinen Ruhm! Der jüngste Champion aller Zeiten! Blablabla! Papas ganzer Stolz! Blablablabla!«

»Und du hast alles kaputt gemacht!«

Bruno hingegen ereiferte sich immer mehr. »Aber jetzt werden du und der alte Kasten Platz machen für MEINE neue Fabrik!« Mit diesem Satz stürzte sich Bruno auf Theo und rang ihn nieder, sodass beide sich auf dem Boden hin und her wälzten.

Helvi hielt es kaum mehr in ihrem Versteck. Sie flüsterte Kipp und Butz zu: »Wir müssen ihm helfen!«

Kipp bekam erst einen Knackfrosch, dann eine Nuss an den Kopf geworfen und antwortete: »Bin ich etwa lebensmüde?«

Beim Anblick der Nuss hatte Helvi eine Idee. Wie ihr euch sicher vorstellen könnt: eine helvinöse! »Wir machen es wie in der alten Heinzelmännchen-Sage!«

Sie wartete keine Antwort ab, sondern öffnete flink die Kellertür und schwang sich auf die andere Seite. Sie schnappte sich einen Sack Nüsse und warf Kipp und Butz einige davon zu.

Während Theo und Bruno noch miteinander rangelten, gab Helvi den Heinzelmännchen ein Zeichen und sie warfen die Nüsse auf den Boden. Ihr Plan sah vor, dass Bruno darauf ausrutschte, aber … ihr Plan ging schief. Denn leider stand in genau diesem Moment Theo auf, eine Backrolle in der Hand, trat auf die Nüsse und polterte die Treppe hinunter in den Keller.

Erschrocken sprangen die Heinzels hinter ihm her. »Oh nein! Nein, das wollte ich nicht! Theo! Theo, wach auf!« Helvi patschte ihm wieder und wieder auf die Backen, da zog Kipp sie hinter einen alten Fernseher, denn in diesem Moment kamen Bruno und Harriet die Treppe herunter.

Man konnte Bruno ansehen, wie sehr er sich trotz der gan-

zen Streitereien nun um seinen Bruder sorgte. »Oje!«, meinte
er kummervoll.

Seine Stimme bebte, als er zu Harriet sagte: »Ruf den Kran-
kenwagen!« Er entdeckte, dass etwas neben Theo lag, und
hob es auf. Es war das alte Notizbuch, das ihm beim Sturz
aus der Tasche gefallen war. Die Seite mit dem alten Foto
der beiden war aufgeschlagen.

»Sein altes Rezeptbuch!« Bruno betrachtete nachdenklich
das Foto und mit einem Mal wurden seine Gesichtszüge
ganz weich.

Gehirnerschütterung – so lautete die Diagnose. Das bedeu-
tete, er hatte sich seinen Dickkopf ziemlich gestoßen und
musste nun zur Sicherheit ein paar Tage im Krankenhaus
bleiben. Die Heinzels hatten sich an sein Krankenbett ge-

schlichen und versucht, mit ihm zu reden, aber er erkannte sie nicht einmal. Er hatte sie sogar als Gartenzwerge bezeichnet, weil er noch nicht ganz klar im Kopf war. Frechheit!

Auch Bruno und Harriet waren im Krankenhaus gewesen. Bruno schlug sich mit für ihn ungewöhnlichen Schuldgefühlen herum. Das hatte er nicht gewollt. Nicht so!

Helvi allerdings beschäftigte im Moment – neben ihren Sorgen um Theo – vor allem eine Sache: Die Eröffnung der Konditorei.

Sie suchte gerade hektisch im Regal der Backstube nach etwas. »Was hast du vor?«, fragte Butz, der auf eine helvinöse Idee hoffte.

»Die Konditorei retten«, sagte Helvi kurz angebunden.

Kipp feixte auf seine alte Art und Weise: »Jetzt wird sie größenwahnsinnig!« Aber Helvi achtete gar nicht auf ihn.

»Ich werde uns Hilfe holen. Um zehn Uhr muss der Laden öffnen. Noch ist Zeit!« Sie schnappte sich einen kleinen Mehlsack und stopfte ein paar Törtchen hinein.

Kipp war immer noch nicht überzeugt. »Welcher Mensch hilft einem Heinzelmännchen?«

Helvi schulterte den Mehlsack voller Törtchen und sprang vom Regal. »Kein Mensch, Kipp. Ich hol die anderen. Theo hat es doch selber gesagt: Im Helfen sind wir die Größten!«

Kipp und Butz blieb der Mund offen stehen. Auch noch, als Helvi den Laden verließ. In der Tür drehte sie sich noch mal um: »Aber wenn Bruno hier aufkreuzt ...«

Butz und Kipp warfen sich gleichzeitig in die Brust und riefen: »Den übernehmen wir!«

Kipp setzte Butz entschlossen ein Sieb als Helm auf den Kopf und schnappte sich dann noch eine Gabel, die er wie einen Speer hielt. Butz bekam ebenfalls eine.

Helvi strahlte ihre beiden Freunde voller Stolz an und drückte erst Butz, dann Kipp einen Kuss auf die Backe. Der wurde so rot, dass der Laden kurz aufleuchtete, grinste dann aber. »Wehe, du kommst nicht zurück!«

ALLES THEATER

Helvis Plan war selbst für ihre Verhältnisse ziemlich verrückt und aussichtslos. Sie wollte die Heinzels – samt Brimur und Vendla – allen Ernstes davon überzeugen, mit ihr in die Menschenwelt zu kommen, um Theo dabei zu helfen, seine Konditorei nicht zu verlieren.

Wie ihr euch sicher vorstellen könnt, war das Ganze nicht so einfach. Als sie nämlich zurück in ihre unterirdische Heinzels-Welt kam, waren die anderen gerade dabei, sie, Kipp und Butz zu betrauern. Natürlich waren sie davon ausgegangen, dass die drei nicht mehr wiederkommen würden – nachdem sie einfach so verschwunden waren. Sie hatten in Erfahrung gebracht, dass die drei sich in die Menschenwelt aufgemacht hatten, um einem Menschen zu helfen. Und DAS konnte ja nicht gut gegangen sein!

Als Helvi dann mit ihrem Mehlsack voller Kuchen vor ihnen stand und von ihrem Plan berichtete, brach nicht gerade Freudentaumel aus. Vendla bestand darauf, dass sie Kipp und Butz zurückholte und dann nie, nie, nie wieder von den Menschen gesprochen werden sollte.

Selbst als Helvi die anderen von ihren Kuchen kosten ließ und voller Stolz erzählte, dass sie nun eine Kuchenbäckerin sei, überzeugte das die Heinzelmännchen nicht wirklich. Sie versuchte wahrlich alles, um die Heinzels zur Hilfe zu überreden. Es gelang ihr nicht.

So machte sie sich schließlich traurig und hoffnungslos wieder auf den Weg nach oben zu den Menschen und stand niedergeschlagen vor Theos Krankenbett. »Ich hätte dir so gern geholfen, Stinkstiefel. In der Sage geht das so einfach. Die Menschen schlafen und wir heinzeln.« Sie seufzte tief und eindringlich. »Aus mir wird wohl nie ein richtiges Heinzelmädchen!«

Plötzlich ertönte eine Stimme hinter ihr: »Na ja, so ganz ist das noch nicht entschieden!« Helvi fuhr erschrocken herum, da standen Brimur und alle Heinzelmännchen. Kipp und Butz mittendrin. Helvi vergaß für einen Moment zu atmen und stand mit offenem Mund da.

Butz erklärte, auf die anderen Heinzels zeigend: »Die sind plötzlich in der Backstube aufgetaucht!« Wie zum Beweis hielten alle ein paar Leckereien aus der Backstube hoch und riefen begeistert durcheinander: »War ganz leicht zu finden. Immer dem Duft deiner fantastischen Törtchen nach!« Alle bissen genüsslich ab und kauten grinsend.

Brimur sagte: »Soll keiner behaupten, Heinzelmännchen helfen sich nicht einmal untereinander.«

Helvi war – und das hatte es bisher noch nie in ihrem Leben gegeben – sprachlos. Sie strahlte über das ganze Gesicht.

Vendla trat nach vorn und schaute an Helvi vorbei auf Theo: »Meine Güte, diese Menschen sind ja noch größer und hässlicher, als ich dachte ...« Dann wandte sie sich an Helvi. »Also gut: Wir helfen.«

Helvi wollte gerade in Jubel ausbrechen, da hob Vendla die Hand. »Aber nur unter einer Bedingung: Danach verschwinden wir und kehren nie wieder zurück. Auch du nicht, Helvi!«

Das Heinzelmädchen wollte widersprechen, nickte dann aber schweren Herzens. Brimur zeigte sich zufrieden und fragte: »Also, wie sieht dein Plan aus?«

Helvi zeigte auf den immer noch schlafenden Theo. »Dazu brauchen wir ihn!«

Eine verblüffte Krankenschwester stand im Flur des Krankenhauses und staunte nicht schlecht, als ein Bett wie

von Zauberhand an ihr vorbeifuhr. Das Bett war mit einem großen Laken abgedeckt. Es erweckte den Eindruck, dass – außer Theo, der immer noch friedlich schlummerte – nichts darunter lag. Aber da irrte die Krankenschwester. Unter dem Laken lag nicht nur Theo, sondern es verbarg auch noch einige Heinzelmännchen. Unten, auf dem Gestell des Bettes, saß Helvi und navigierte flüsternd die anderen Heinzels, die das Bett schoben: »Links. Noch linksiger. Rechts! Leise!«

So rollte dieses mysteriöse Bett erst aus dem Krankenhaus, dann durch die Straßen der Stadt und schließlich in den Laden von Theo Hampus.

In wenigen Minuten würde die Konditorei neu eröffnet werden – und der Besitzer lag immer noch schlafend in diesem Bett. Vendla hatte bis hierher befolgt, was Helvi gesagt hatte, nun aber war sie ratlos. »Und jetzt?«, fragte sie.

Helvi sprang auf das Bett und lehnte sich lässig an Theos Kopf. »Wir heinzeln, bis die Mütze qualmt – und Theo wird verkaufen!«

Die anderen Heinzelmännchen erschienen vorsichtig am Fußende des Bettes und betrachteten den schlafenden Theo. Helvi motivierte sie. »Kommt, er ist doch bloß ein Mensch. Vollkommen harmlos!«

Wie zum Beweis schob sich nun Kipp an den anderen Heinzels vorbei und lehnte sich ebenfalls an Theos Kopf. »Seht ihr. Total harmlos!«, sagte er cool. Nun hüpften Butz und Kipp ausgelassen auf Theos Bauch herum. Ein tiefer Schnarcher wehte Brimur und Vendla um, was Kipp und Butz zum Kichern brachte.

Vendla rappelte sich wieder auf und fragte: »Und wie soll dieses schlafende Ungetüm irgendetwas verkaufen? Das glaubt doch im Leben keiner!«

Helvi grinste. »Im Leben nicht – aber im Theater!«

Da war sie schon wieder: eine helvinöse Idee. Möglicherweise die verrückteste von allen!

Die Heinzelmännchen waren ganz in ihrem Element. Sie schraubten und sägten und hämmerten, was das Zeug hielt. Nach Helvis Ausführungen und unter Kipps Anleitung bauten sie ein kleines Theater hinter und auf dem Tresen der Konditorei. Sie arbeiteten schnell, präzise und konzentriert.

Ein paar andere Heinzels kümmerten sich um den (unfreiwilligen) Hauptdarsteller der Theater-Vorstellung: um Theo. Sie setzten ihm eine Brille mit aufgemalten Augen auf die Nase, banden dünne Schnüre um seine Arme und Beine – so konnte man den ganzen Menschen bewegen. Kipp, der wieder überall gleichzeitig zu sein schien, übernahm das Sprechen. Er würde Theos Stimme sein, da der ja immer noch nicht aufgewacht war.

Und so klappte das Unmögliche. Wenige Minuten vor 10 Uhr war die Konditorei Hampus zur Wiedereröffnung bereit. Der Laden sah aus wie ein kleines Wunderland aus Teig und Zucker. Ein wahres Helvi-Meisterwerk: Springbrunnen, aus denen Schokoladen-Fontänen sprudelten, Monde aus Zuckerguss, die von der Decke hingen, kleine Häuser aus Zuckerguss – und als Herzstück die Theaterbühne auf dem Tresen, die wie eine überdimensionale aufgeschnittene Torte aussah. Hinter dem Vorhang hörte man Theo schnarchen.

Helvi begutachtete alles zufrieden und stellte noch ein Tablett mit Domspitzen auf den Tresen. Sie warf einen letzten Blick zur Uhr, da rüttelte es bereits an der Türklinke des Ladens.

Sie fuhr herum und entdeckte eine Frau in einem rosa Kleid, die durch die Fenster lugte. »Alle auf ihre Plätze!«, rief Helvi hektisch, da betrat die Frau bereits den Laden. Sie schaute sich um und bewunderte die skurrile Dekoration. »Äh, hallo? Jemand da?«, fragte sie in die Stille, da öffnete sich der Vorhang des Theaters und Theo ›erschien‹, verkleidet als Zauberer. Gelenkt wurde er von Butz und Helvi, die auf Streben an der Decke saßen und Theo über die Schnüre steuerten. Er konnte so den Kopf bewegen und sogar den

Mund öffnen und schließen. Da die beiden aber im Zusammenspiel noch etwas ungeübt waren, machte der Konditor ziemlich ungelenke Bewegungen und lief schließlich gegen die Bühnenwand.

Da griff Vendla ein und zischte: »Konzentriert euch!«

Die beiden nickten und rissen sich zusammen.

Kipp sprach mit verstellter Stimme: »Willkommen in meinem kleinen Wunderland. Was darf es denn sein? Zitronenfische? Heinzelmützen? Oder lieber der Mond?«

Die aufgezählten Dinge erschienen schwebend – natürlich ferngesteuert von den Heinzels – auf der Bühne. Die Frau staunte nicht schlecht. »Ooooh, wunderbar ... Ich nehme – alles!«

»Echt jetzt?« Kipp war begeistert und hätte beinahe seine Rolle vergessen, zügelte sich aber gerade noch rechtzeitig und meinte: »Eine gute Wahl!«

Theos Arm hämmerte ungelenk und mit schwingenden Bewegungen auf die große Registrierkasse, der zu zahlende Betrag erschien und eine Schublade sprang auf. Die Frau warf jauchzend vor Begeisterung einen Schein hinein. In der Kasse saß Vendla, zählte, rechnete nach und warf ein paar Münzen in einen Schlauch. Das Wechselgeld fiel vorne aus der Kasse. Glücklich verließ die Frau mit einer kleinen Tüte den Laden. Als sie sich umdrehte, winkte Theo ihr zu und Kipp brummte mit verstellter Stimme: »Auf Wiedersehen, Gnädigste! Und empfehlen Sie uns weiter!«

Die Frau lächelte und ging. Die Heinzelmännchen kamen aus ihren jeweiligen Verstecken und jubelten.

Doch dann ging es erst richtig los. In den nächsten Minuten strömten die Menschen nur so herein. Der ganze Laden war gerammelt voll und es wurde gestaunt, gekostet und gekauft. Die Menschen rissen sich um den außergewöhnlichen und unglaublich leckeren Süßkram.

Die Heinzelmännchen arbeiteten unermüdlich und immer sicherer auf ihren Posten und alles lief wie geschmiert. Helvi war stolz und glücklich. Kipp wuchs über sich hinaus und ging ganz in der Rolle von Theos Stimme auf. »Und nun die Spezialität des Hauses: Domspitzen«, singsangte er gerade, als Theo plötzlich schnupperte und ihm ein »Mmmmh!« entfuhr. Helvi blickte Butz entsetzt an, da öffnete Theo die Augen!

»Meisterlich«, sagte er und schaute sich dann irritiert in seinem Laden um. Matt fixierte er die Menschen um sich herum und murmelte: »Huch, in meinem Traum wart ihr alle ganz klein und so lustig bemützt.«

»Was jetzt?«, flüsterte Kipp panisch.

Helvi musste sich richtig konzentrieren, um nicht die Fassung zu verlieren. Die Heinzelmännchen starrten sie an und warteten auf eine Ansage. »Schick sie raus! Schnell!«, flüsterte sie.

Helvi zog an den Schnüren und Theos Arme zeigten zur Tür. Kipp sprang ihr zu Hilfe und dröhnte: »Liebes Publikum, für heute ist die Vorstellung aus! Und raus. Ohne Applaus!«

Theo, noch immer am Erwachen, schaute verwundert auf seine schlackernden Arme, die irgendetwas taten, was er nicht bestimmte.

»Wieso ist denn schon Feierabend?«, fragte er, mehr zu sich selbst als zu den Anwesenden. »Bleibt doch hier!«

Kipp widersprach ihm, also sich selbst sozusagen: »Ach nein, geht doch besser nach Hause!«

Die ersten Kunden verließen verunsichert den Laden. Gerade noch rechtzeitig, denn der nun langsam vollends erwachte Theo entdeckte die Fäden an seinem Körper und begann, daran zu ziehen.

»Was ist das? Ist das ... mein ... Laden?«, fragte er, als plötzlich Helvi, Kipp und Butz vor ihm auf dem Tresen standen. Helvi zeigte auf die prall gefüllte Kasse. »Ja, dein Laden! Und ab jetzt für immer!«

»A-a-aber wie ... wie habt ihr ...«

Helvi grinste. »Och, wir hatten Hilfe. Darf ich vorstellen ... meine Freunde!«

Zögernd tauchten die Heinzelmännchen nun überall aus ihren Verstecken auf. Da fing Theo aus vollem Hals an zu lachen, breitete seine Arme aus und versuchte, alle Heinzels auf einmal zu umarmen. »Ihr ... ihr kleinen Wichte seid wirklich die Größten! Danke! Vielen, vielen Dank!«

Keine halbe Stunde später in Brunos Büro saß Charles, der Mops, schmollend auf seinem Kissen und kaute auf Kipps Mütze herum. Harriet saß vor ihrem Tablet und Bruno selbst schob an seinem Computer virtuelle Fabrikgebäude hin und her – als plötzlich die Tür aufsprang.

Theo stürmte ins Büro und knallte Bruno seine alte Schatzkiste auf den Schreibtisch. »Wir sind quitt«, sagte er. »Und nun lass dich nie wieder bei mir blicken!« Ängstlich verzog sich der Mops bei Theos Anblick unter den Schreibtisch.

Theo war schon wieder verschwunden, bevor Bruno auch nur einen Satz sagen konnte. Stattdessen öffnete er nun die Schatzkiste und stellte verblüfft fest, dass sie voller Geld war. »Der ... der war doch eben noch im Krankenhaus«, sagte er und brach in Schweiß aus. Er wollte ihn sich mit einem Taschentuch abwischen, da fiel ihm das alte Rezeptbuch aus der Jackentasche.

Harriet hob es eilfertig auf und wollte es Bruno zurückgeben, der aber schob es grimmig beiseite. Dabei öffnete sich die Seite, auf dem das Foto von Theo und den Heinzels zu sehen war.

Bruno musste dreimal hinschauen, um zu kapieren, was er

da sah. Auch Harriet erstarrte mitten in der Bewegung. »Die Mütze ...« Sie zeigte auf Charles' neues Lieblingskauzeug. »Das ... das waren Gartenzwerge!«

Brunos Gesichtsausdruck wurde sehr, sehr finster. »Gartenzwerge? Das sind Heinzelmännchen!«, knurrte er. »Mein Bruder hat Heinzelmännchen. Oh, wie unfair! Und dann überfallen sie auch noch meinen Backshop. Das sind ... Kriminelle!«

(K)EIN ABSCHIED

So erleichtert und glücklich wie seit Ewigkeiten nicht mehr kam Theo zurück in seinen Laden. »So, und jetzt feiern wir ein Fest!«, rief er.

Aber es war niemand mehr da. Stutzend schaute er sich um. »Nanu? Wo seid ihr denn?«

Er schaute zum Fenster. Da stand Helvi, traurig und niedergeschlagen. Theo ging zu ihr. »Was ist denn los?«

Helvi hielt den Kopf gesenkt, als sie sagte: »Ich muss gehen, Theo.«

Theo sah sie entsetzt an. »Ach, unsere dumme Abmachung! Die gilt doch nicht mehr. Vergiss sie. Du musst nicht gehen!«

»Muss ich doch! Das ist bei uns Heinzelmännchen so: Wenn wir unsere Arbeit getan haben, verschwinden wir wieder.« Helvi blickte traurig zu ihm hoch.

Theo fuchtelte wild mit den Armen. »Aber ... es gibt doch noch so viel zu backen! Erdbeer-Ingwertorte, Marshmallowkekse mit flüssiger Schokolade ...« Er zeigte um sich herum. »Bitte bleib. Hier muss noch viel mehr Helvi rein!«

»Ich kann nicht«, sagte Helvi bedrückt. Sie schaute nach draußen und Theo folgte ihrem Blick. Vor dem Fenster standen alle anderen Heinzelmännchen, samt Butz und Kipp.

»Ich musste es ihnen versprechen ...«

Die Heinzelmännchen wandten sich zum Gehen. »Wehe, du vergisst mich, Stinkstiefelchen!«, rief Helvi.

Theo stupste sie liebevoll an. Sein Gesicht sah unendlich traurig aus, als er sagte: »Werde ich nicht, du kleiner Quälgeist.«

Helvi lächelte tapfer.

»Ach ja«, rief Theo plötzlich, »ich hab noch was für dich!« Er zauberte eine kleine goldene Konditormütze aus seiner Jackentasche und setzte sie Helvi auf.

Die konnte es nicht fassen und befühlte die Mütze – für einen Moment sprachlos. Dann sagte sie: »Ich ... ich habe eine Mütze! Eine richtig große Mütze!«

Helvi lachte und weinte gleichzeitig, während sie stolz immer wieder auf ihren Kopf fasste. Theo sah, dass Butz und Kipp gerührt vor dem Fenster standen, winkte sie heran und gab den beiden einen High five. »Ich werde euch vermissen!«

Nun heulten auch Butz und Kipp. Butz schnäuzte vor Rührung sogar in seine eigene Mütze und setzte sie dann gedankenverloren wieder auf. »Wir dich auch«, sagte er.

Dann lösten sie sich voneinander und die drei Heinzels liefen zu den wartenden Heinzelmännchen, die sich bereits auf den Weg Richtung Supermarkt-Hinterhof und Abflussrohr gemacht hatten. Helvi drehte sich noch einmal um, konnte Theo aber nicht mehr sehen. Stattdessen bemerkte sie einen großen Schatten auf dem Boden hinter sich und schaute nach oben.

Auch Kipp und Butz hatten den Schatten bemerkt und Kipp fragte: »Was ist denn das?«

»Das sieht aus wie ein ... äh ...« Butz konnte nicht zu Ende sprechen, denn in diesem Moment stülpte ein Roboter einen großen Käfig über die Heinzelmännchen.

Bruno hatte ganze Arbeit geleistet.

Mit der Mütze von Kipp hatte er Charles, den Mops, die Heinzelmännchen aufspüren lassen, und mithilfe von Harriet und einem ferngesteuerten Roboter hatte er sie eingefangen.

Nun standen sie – gut verschlossen und wie ein paar Ka-

ninchen im Käfig gefangen – in seinem Büro. Charles hatte
zur Belohnung einen zuckrigen Hundekuchen bekommen.
Und Helvis goldene Mütze!

Jeder Fluchtversuch, den sie unternommen hatten, war
gescheitert. Bruno würde die Heinzelmännchen auf keinen
Fall mehr entwischen lassen. Diese kleinen ›Gartenzwerge‹
würden sich fantastisch als Attraktion in seiner neuen glä-
sernen Fabrik machen – die an der Stelle entstehen sollte,
an der im Moment noch Theos Laden stand. Noch!

Theo hörte ein Rumpeln und Grölen auf der Straße vor seiner Konditorei und ging nach draußen, um nachzusehen.
Ein riesiger Bagger stoppte in diesem Moment vor seinem

Garten. Im Führerhäuschen saß niemand anderes als Bruno. »So einen wollte ich schon immer mal fahren, erinnerst du dich?«, rief er und ließ den Motor aufheulen.

»He, ich hab meine Schulden bezahlt!«, erwiderte Theo.

»Ja, von meinem Eigentum. Das gilt nicht. Ich weiß Bescheid über deine kleinen kriminellen Freunde!«, schrie Bruno und sagte dann in sein Smartphone: »Schalt die Bande auf den großen Screen, Harriet!«

Bruno zeigte auf die digitale Werbewand vor seiner Fabrik, auf der plötzlich die Heinzelmännchen in ihrem Käfig zu sehen waren. Theo traute seinen Augen kaum und rief: »Lass sie frei! Sie haben dir nichts getan!«

Bruno schien verrückt geworden zu sein!

»Die haben mich beklaut«, schrie er. »Und jetzt arbeiten sie für mich in der neuen Fabrik! Mach Platz!«

Wieder ließ er den Motor aufheulen und fuhr ein Stück weiter auf Theo und den Gartenzaun zu. Theo stellte sich demonstrativ zwischen sein Haus und den Bagger. »Lass die Heinzelmännchen frei und ich geh dir aus dem Weg.«

Auch Helvi, Vendla und die anderen konnten live an Brunos Computer mitverfolgen, was da unten auf der Straße vor sich ging, und beobachteten atemlos, wie Theo entschlossen nur wenige Zentimeter von der Baggerschaufel entfernt stand. Vendla grummelte: »Der gibt doch nie für uns seine Konditorei auf. Da wette ich meine Mütze drauf!«

Die Wette hätte sie – mitsamt ihrer Mütze – verloren, denn Theo wich keinen Schritt vor dem nahenden Bagger zurück.

»Du blöder Sturkopf«, rief Bruno aus seiner Bagger-Kanzel. »So warst du schon immer: total unflexibel.« Dann brüllte er ins Smartphone: »Harriet, bring die Zwerge runter zu mir!«

»Das sind Heinzelmännchen ... äh ... und HeinzelMÄDCHEN!«, rief Theo grimmig.

Harriet lenkte den Industrieroboter mit dem Heinzel-Käfig in den Greifern per Tablet. »Nein«, schrie Helvi. »Theo, mach das nicht! Dann war alles umsonst!«

Theo hörte sie nicht, sondern lächelte nur erleichtert, als er die Heinzels sah, und lief auf sie zu. Dadurch machte er den Weg für den Bagger frei und Bruno gab auch direkt Gas. »Nein!«, rief Helvi erneut.

In diesem Moment fauchte Bruno triumphierend ins Handy: »Harriet, sofort zurück!«

Harriet reagierte blitzschnell und ließ den Roboter mit dem Käfig wieder rückwärts Richtung Fabrik fahren.

»Du Betrüger!« Theo stockte kurz, begriff dann und rannte auf Harriet zu. Kurz bevor sie das Tor erreicht hatte, stürzte sich Theo auf sie. »Hiergeblieben!«

Er schnappte sich das Tablet, tippte wie wild darauf herum, und der ferngesteuerte Roboter ließ den Käfig fallen. Theo öffnete ihn und Helvi fiel ihm um den Hals.

Das war derselbe Moment, in dem der Bagger ein Loch in die Hauswand riss. Helvi erschrak, als sie das sah, und rannte los. »Wir müssen Bruno stoppen!«

Theo beobachtete, wie einige Heinzelmännchen ihr folgten und auf den riesigen Bagger sprangen. »Kommt zurück«, versuchte er sie aufzuhalten, aber keiner hörte auf ihn.

Andere Heinzels hatten inzwischen den Kampf gegen Harriet aufgenommen, die immer wieder versuchte, nach ihnen zu grapschen, sie aber nicht zu fassen bekam. Dieses Mal ließen sich die Heinzels nicht wie damals in der Sage kleinkriegen. Sie wehrten sich! Vendla schnappte sich kurzerhand entschlossen das Tablet und steuerte nun ihrerseits den Roboter, der sich Harriet griff.

Mittlerweile hatten Helvi, Butz und Kipp es in das Führerhaus des Baggers geschafft und griffen ins Lenkrad, das Bruno fest umklammert hielt. »Hör sofort auf, Kirschwampe«, rief Helvi. Bruno dachte nicht daran, und der Bagger kam ins Schlingern. Theo setzte alles daran, ebenfalls in die Fahrerkabine zu kommen, wurde aber vom wild herumschlingernden Gefährt immer wieder fast abgeworfen.

Gemeinsam schafften es Helvi, Butz und Kipp mithilfe der anderen Heinzels schließlich, das Lenkrad des Baggers her-

umzureißen und von Theos Haus wegzulenken – direkt auf Brunos Fabrik zu. »Neiiiiiin«, schrie der, außer sich vor Wut, »ganz falsche Richtung!«

Aber es war zu spät.

Mit einem riesigen Krach durchbrach der Bagger die Wand, ein ohrenbetäubender Alarm heulte los, überall blinkten plötzlich rote Lämpchen und tutete es aus großen Signalhörnern.

Theo versuchte, sich einen Überblick zu verschaffen, aber in dem Chaos konnte er niemanden entdecken. Auch der Bagger war leer.

In diesem Moment entdeckte er die Torten auf dem Fließband, aus denen kleine Beine herauszappelten. So schnell er konnte, fischte Theo einen Heinzel nach dem anderen aus der Tortenmasse und bekam schließlich auch Helvi zu fassen. »Alles in Ordnung?«, fragte er besorgt.

Helvi nickte, konnte aber nicht antworten, sondern hustete ihm stattdessen ein Stück Torte ins Gesicht. »'tschuldigung. Bäh, eklig!«, sagte sie.

»Hilfe! HILFE!«, tönte es da von irgendwo. Theo und die Heinzelmännchen blickten sich um und entdeckten Bruno in einem der riesigen Teigbottiche. Er kämpfte verzweifelt darum, nicht in der klebrigen Masse unterzugehen.

Theo beugte sich zu ihm herunter und streckte die Hand aus, kam aber nicht an ihn heran. »Verdammt«, fluchte er, und dann, zu den Heinzels gewandt: »Bitte helft mir!«

Brimur grummelte: »Verdient hat er es ja eigentlich nicht ... Los, Leute, Heinzelleiter!«

EINER FÜR ALLE,
ALLE FÜR EINEN

Kopfüber hing Theo über dem Rand des Fabrikbodens. Er hielt Brimur fest, der wiederum hielt den nächsten Heinzel fest und so war eine lange Kette entstanden, an deren unterem Ende Helvi baumelte. Aber selbst mit einem Stahlseil als Verlängerung reichten sie noch nicht an Bruno heran, der langsam, aber sicher unterging.

Kipp, der über Helvi hing und sie an den Füßen festhielt, merkte, wie sie sich zu lösen versuchte. »Nein, Helvi!«, rief er panisch, da war es schon geschehen: Helvi atmete tief ein und fiel. Sie tauchte neben Bruno in den Teig ein und war versunken.

Stummes Entsetzen spiegelte sich auf allen Gesichtern der Heinzels – und Theos – da spritzte ein riesiger Schwall Teig aus dem Bottich, Bruno schnellte daraus hervor und bekam Theos Hand zu fassen. »AUUUUUUUHHHH!«, schrie er dabei.

Die Heinzelmännchenkette begann zu schaukeln, schwang dann blitzschnell nach oben und gemeinsam mit Theo zogen sie Bruno ins Trockene. In seinem Allerwertesten steckte eine Sicherheitsnadel, und an seiner Jacke hing Helvi und japste. Mit einem Grinsen zog Helvi die Sicherheitsnadel aus Brunos Po und nickte den anderen zu. Kipp reagierte als Erster: »Der alte Popo-Pikser-Trick! Respekt!«, kicherte er.

Bruno betrachtete sich von allen Seiten und sah dann auf das Heinzelmädchen herab. Überwältigt rief er: »Du hast mich gerettet. Ihr ALLE habt mich gerettet!«

Kipp versuchte, sich seinen Stolz nicht anmerken zu lassen. »Tja, das ist eben unsere Art!«

In diesem Moment heulte erneut ein Alarmsignal los und alle sahen voller Schrecken, dass die Steuerungsanlage zu qualmen begann.

»Was ist jetzt los?«, fragte Theo überfordert, denn die Öfen fingen an zu zittern, der Boden bebte und der Rauch breitete sich immer weiter aus. Harriet, immer noch im Roboterarm gefangen, tippte hektisch auf dem Tablet herum, das Vendla ihr mit dem Ausbruch des Alarms wieder freiwillig überlassen hatte. »Kurze Durchsage«, rief Harriet. »Gleich fliegt hier alles in die Luft!«

Als wäre dies der Startschuss für ein Rennen, stürzten alle gleichzeitig Richtung Fabrikausgang ins Freie. Da erschütterte ein heftiges Beben die Fabrik.

»Nein«, ächzte Bruno und musste mit ansehen, wie aus seiner Fabrikhalle ein riesiger, zäher Berg aus Teig und Steinen wurde. Erstaunlicherweise erinnerte dieser Berg an eine überdimensionale Torte, auf dessen Gipfel, als Kirsche quasi, Brunos Büro thronte.

»Nein«, wiederholte Bruno. »Mein schönes Backparadies! Alles kaputt!« Er wandte sich Theo zu: »Kannst ruhig zugeben, dass dich das freut!«

Theo konnte es nicht fassen. »Moment mal, wer wollte heute denn unbedingt was kaputt machen? Das warst du doch! Und das war auch schon immer so!«

Bevor die beiden wieder aufeinander losgehen konnten, trat Helvi energisch dazwischen. »Nein, das war es nicht. Erinnert ihr euch?«

Und dann begann sie, mit ihrer wunderbar zarten Stimme, das Mondlied der Spieluhrlampe zu summen. Kipp und Butz stimmten mit ein und die Brüder starrten einander an, als würden sie aus einem sehr langen, sehr bösen Traum erwachen. Dann stimmten sie ebenfalls mit ein.

Jaulend – so gut es ging der Melodie folgend – kam nun auch Charles dazu, mit Helvis goldener Mütze im Maul.

Butz holte eine Domspitze unter seiner eigenen Mütze hervor und bot sie Charles an. Der legte Helvis Mütze ab und tat sich an der Domspitze gütlich. Die goldene Mütze war durchgekaut, ramponiert und hatte einen großen Riss.

Helvi aber achtete im Moment nicht darauf. »Ihr müsst euch endlich vertragen«, sagte sie zu Theo und Bruno. Die anderen Heinzelmännchen – und sogar Harriet – nickten zustimmend. Helvi sprach weiter: »Ist ja auch gar nicht so schwer. Wir Heinzelmännchen dachten auch immer: Menschen, die können uns mal! Menschen – die braucht kein Heinzelmännchen! Menschen ... die ...«

Butz brachte den Satz zu Ende: »... essen Heinzelmännchen zum Frühstück. Sogar mit Mütze!«

Theo und Bruno sahen sich irritiert an: »Igitt!«

»Aber eigentlich habt ihr uns die ganze Zeit gefehlt«, führte Helvi weiter aus.

»Ja, wir haben es nur vergessen!«, ergänzte Brimur.

Helvi lächelte Brimur an und flickte den Riss in ihrer Mütze mit der Sicherheitsnadel, die gerade noch in Brunos Po gesteckt hatte.

»Und wenn wir uns mit euch wieder vertragen können ...« sagte sie.

»Dann könnt ihr beiden strunzblöden Menschen das auch!«, ergänzte Vendla.

Bruno und Theo schauten auf Helvis geflickte Mütze und sahen sich dann gegenseitig an.

»Du blöder Esel«, sagte Theo.

Bruno grinste. »Du bekloppter ...«

»Stinkstiefel!«, ergänzten Helvi, Butz und Kipp sofort.

Und dann mussten alle lachen. Herzhaft und lange. Und das tat mindestens so gut wie zehn Domspitzen auf einmal.

Einige Tage später stand eine lange Menschen-Schlange vor der Konditorei. Theo, Helvi, Butz und Kipp wirbelten durch die Backstube. An der Wand hing – mit rotem Faden geflickt – Theos goldene Mütze. Der rief gerade: »Die Ananastörtchen sind fertig! Beeil dich mal, du Schnarchnase!«

Bruno kam herein, schnappte sich ein Blech mit den Tört-chen und fragte: »Und wo bleiben die Schokoheinzels? Trö-delt ihr hier nur rum, ihr Faulpelze?«

Und zack, hatte er einen Cookie im Mund – geworfen von Helvi. Erst wollte er böse schauen, dann aber grinste er und kaute genüsslich.

Im Laden war der Teufel los. Bruno gab den großen Zau-berer auf der kleinen Bühne und zauberte die Ananastört-chen aus dem Ärmel. Harriet stand neben ihm, packte sie mit extra vielen Dekoschleifen ein und verteilte sie an die gierigen Kunden.

»Immer mit der Ruhe! Jeder kriegt eins!«, rief Bruno. Und das stimmte auch – keiner musste ohne eine zauberhafte Leckerei nach Hause gehen.

ZUM SCHLUSS

Im Dachboden fand unterdessen das berühmte Heinzelmännchenfest statt. Der ganze Raum war mithilfe der Spielsachen in eine echte Heinzelmännchenstadt verwandelt worden. Alle saßen vor ihren Häusern und machten, wonach ihnen der Sinn stand. Jeder hatte etwas zu tun, als Helvi mit einem abgedeckten Backblech hereinkam.

Charles, der Mops, schaute kurz auf, als Helvi alles auf die lange Tafel in der Mitte der Stadt stellte.

»Das Fest ...«, sagte Vendla –

»... kann beginnen!«, ergänzten Kipp und Butz.

Alle Heinzelmännchen jubelten und setzten sich an die Tafel.

»Und nun zeige ich euch mein absolutes Meisterwerk – Rübenkuchen!«, rief Helvi lachend.

»Buuh!« und »Iiiiih!« und »Nööööö!«, riefen die Heinzels durcheinander.

»Kleiner Scherz«, kicherte Helvi und riss mit einem Ruck das Tuch vom Blech. »Tadaaaa!«

Eine riesige Marzipantorte kam darunter zum Vorschein. Auf ihr war ein buntes Gruppenbild aller Heinzelmännchen zu sehen!

Bis tief in die Nacht wurde geschmatzt und gelacht, geschlemmt und getanzt, gesungen und erzählt. Und niemand der Anwesenden vermisste Rübenkuchen. Wirklich niemand!

Und an dieser Stelle ist diese Geschichte nun aber wirklich zu Ende.

Sonst hat Helvi wieder eine ihrer helvinösen Ideen. Und das wollen wir ja nun wirklich nicht, oder?

EIN HELVINÖSES ENDE